SCÈNES

DE

LA VIE PRIVÉE.

DE L'IMPRIMERIE DE LACHEVARDIERE,
RUE DU COLOMBIER, N° 30.

SCÈNES
DE
LA VIE PRIVÉE,

PAR

M. DE BALZAC.

TOME DEUXIÈME.

SECONDE ÉDITION.

PARIS,
LIBRAIRIE DE MAME-DELAUNAY,
RUE GUÉNÉGAUD, N° 25.
1832.

SCÈNE IV.

GLOIRE ET MALHEUR.

GLOIRE ET MALHEUR.

Il existait encore, il y a peu de temps, au milieu de la rue Saint-denis, et presque au coin de celle du Petit-Lion, une de ces maisons précieuses, qui donnent aux romanciers et aux antiquaires la facilité de reconstruire l'ancien Paris dans leurs ouvrages. Les murs menaçans de cette bicoque avaient l'air d'avoir été chargés d'hiéroglyphes; en effet, quel autre nom le flâneur pouvait-il donner aux X et aux V tracés en profusion par les pièces de bois transversales ou diagonales qui se voyaient sur la façade? Ces bois vermoulus se dessinaient d'autant mieux sur la chemise jaunâtre, passée à la maison par le badigeonneur, que de petites lézardes parallèles, et taillées en dents de scie, semblaient indiquer que chacune de ces solives s'agitait dans sa mortaise, au passage d'une voiture trop pesante. Ce vénérable édifice était surmonté d'un toit triangulaire. Ce toit, dont il n'existera bientôt plus de modèles à Paris, s'avançait de trois pieds sur la rue, autant pour garantir des eaux pluviales le seuil de la porte, que pour abriter la lucarne sans appui et le mur d'un grenier qui avait été construit en planches, clouées l'une sur l'autre comme des ardoises, afin sans doute de ne pas charger la maison.

Par une matinée pluvieuse du mois de mars, un jeune homme, soigneusement enveloppé d'un manteau, se tenait sous l'auvent de la boutique qui faisait face à cette maison, et paraissait l'examiner avec tout l'enthousiasme d'un historien. Il est vrai que ce débris de l'opulence du xv" siècle pouvait offrir à l'observateur plus d'un problème à résoudre. Chaque étage avait sa singularité. Au premier, quatre fenêtres longues, étroites et très rapprochées l'une de l'autre, avaient des carreaux de bois dans leur partie inférieure, afin de produire ce jour douteux, à la faveur duquel un habile marchand donne aux étoffes la couleur voulue par le chaland. Le jeune homme semblait plein de dédain pour cette partie essentielle de la maison, car ses yeux ne s'y étaient pas encore arrêtés. Son attention, faiblement excitée par les fenêtres du second étage dont les jalousies relevées laissaient voir, au travers de grands carreaux en verre de Bohême, de petits rideaux de mousseline assez roux, se portait plus particulièrement sur les croisées bien plus humbles du troisième. Ces dernières, dont le bois grossier aurait mérité d'être placé au Conservatoire des arts et métiers pour y indiquer le point de départ de la menuiserie française, étaient garnies de petites vitres d'une couleur si verte, que, sans son excellente vue, le jeune homme n'aurait pu apercevoir les rideaux de toile à carreaux bleus qui cachaient les mystères de cet appartement aux yeux des profanes.

Parfois, l'impatient observateur, fatigué, soit de cette contemplation sans résultat, soit du silence dans lequel la maison était ensevelie, ainsi que tout le quartier, abaissait ses regards vers les régions inférieures. Alors, un sourire involontaire se dessinait sur sa figure, quand il revoyait la boutique. Une formidable pièce de bois, horizontalement appuyée sur quatre piliers qui paraissaient courbés par le poids de cette maison décrépite, avait reçu autant de couches de peinture diverses que la joue d'une vieille duchesse. Au milieu de cette large poutre mignardement sculptée, était fixé un antique tableau représentant un chat qui pelotait.

Ce chef-d'œuvre désespérant causait l'inextinguible gaieté du jeune homme; et il faut dire aussi, qu'il serait difficile à un peintre moderne de donner à un chat une figure aussi merveilleusement sérieuse, de lui faire tenir, d'une manière plus comique, une raquette aussi grande que lui, et de le dresser aussi plaisamment sur ses pates de derrière pour mirer l'énorme balle que lui renvoyait un gentilhomme en habit brodé. Dessin, couleurs, accessoires, attitude, tout était traité avec un rare talent. Le temps avait altéré cette peinture naïve de manière à rendre la scène encore plus grotesque par quelques incertitudes qui mettaient l'admirateur dans l'embarras. Ainsi la queue mouchetée du chat était découpée de telle sorte qu'on pouvait la prendre pour un spectateur, tant la queue des chats de nos ancêtres était grosse, haute et fournie.

A droite du tableau, et sur un champ d'azur qui déguisait imparfaitement la pourriture du bois, les passans pouvaient lire *Guillaume*, et à gauche, *successeur du sieur Chevrel*. L'intempérie du climat parisien avait rongé la plus grande partie de l'or moulu, parcimonieusement appliqué sur les lettres de cette inscription, dans laquelle les U remplaçaient les V, et réciproquement, selon les lois de notre ancienne orthographe.

Afin de rabattre l'orgueil de ceux qui croient que le monde devient de jour en jour plus spirituel, et que le moderne charlatanisme a tout surpassé, il convient de faire observer que ces enseignes, dont l'étymologie semble bizarre à plus d'un négociant parisien, sont les tableaux morts de vivans tableaux à l'aide desquels nos espiègles ancêtres avaient réussi à amener les chalands dans leurs maisons. Ainsi la Truie-qui-file, le Singe-vert, etc., étaient des animaux en cage dont l'adresse émerveillait les passans, et dont l'éducation prouvait la patience de l'industriel au xve siècle. L'heureux possesseur d'une semblable curiosité s'enrichissait plus vite que toutes les Providence, les Bonne-Foi, les Grâce-de-Dieu et les Décollation de saint Jean-Baptiste, qui se voient encore rue Saint-Denis.

Cependant il était difficile de croire que ce fût à la délicieuse peinture de ce chat qu'était due la faction de l'inconnu, qui avait aussi ses singularités. Son manteau, plissé avec un goût inné pour l'imitation des élégantes draperies antiques, laissait voir de petits pieds d'autant plus brillans, au milieu de la boue noire du pavé parisien, que le jeune homme portait des bas de soie blancs dont les mouchetures attestaient son impatience. Sous son chapeau, quelques boucles de cheveux noirs, défrisés par l'humidité et retombant sur son cou, indiquaient qu'il était coiffé à la Caracalla, coiffure que la récente résurrection de la sculpture et l'admiration pour l'antique avaient mise à la mode. Une cravate éblouissante de blancheur rendait encore plus pâle sa figure tourmentée. On oubliait facilement les contours bizarres, la bouche trop large et très sinueuse de ce visage original, grâce au feu tour à tour sombre et pétillant qui s'échappait de deux yeux noirs. Des gants blancs déchirés annonçaient que l'inconnu sortait sans doute de quelque noce, car il était six heures et demie du matin. Sauf quelques maraîchers attardés qui passaient au galop en réveillant les échos, cette rue si agitée avait alors un calme dont il est difficile de concevoir la magie si l'on n'a pas erré dans Paris désert, à ces heures où son bruit infernal, un moment apaisé, renaît et s'entend dans le lointain comme la grande voix de la mer.

Cet étrange jeune homme formait un tableau un peu plus curieux que celui du Chat-qui-pelote : sa bouche souriait avec amertume; son front, plissé par une violente contrariété, avait quelque chose de fatal; car le crâne est ce que l'homme a de plus prophétique. Quand la peau brune de ce front haut et large restait unie et tendue, il respirait le génie, la grâce, et, de concert avec les yeux, il faisait mentir toutes les prédictions d'un visage repoussant s'il n'eût été sans cesse ennobli par une physionomie spirituelle; mais quand ce front, chargé de rides qui ressemblaient aux jeux de l'eau, exprimait une passion trop forte, cette figure causait une sorte d'effroi : mobile à l'excès, la joie, la douleur, l'amour, la colère, le dédain, s'y succédaient avec quelque chose de si communicatif qu'on devait involontairement partager les affections qu'il plaisait à ce jeune homme d'exprimer.

Il se dépitait avec tant de violence au moment où l'on ouvrit précipitamment la lucarne du grenier, qu'il n'y vit pas apparaître trois joyeuses figures toutes rondelettes, blanches, roses, et aussi communes que ces figures du Commerce sculptées sur les monumens. Ces trois faces, encadrées par la lucarne, eurent l'air de ces têtes d'anges bouffis dont on accompagne les nuages du Père éternel. Les jeunes apprentis respirèrent les émanations de la rue avec une avidité qui prouvait combien l'atmosphère de leur grenier était chaude et méphytique. Celui des commis auquel appartenait la figure la plus joviale montra aux autres le singulier factionnaire ; puis en un moment il disparut, et revint, tenant à la main un instrument dont le métal inflexible a été récemment détrôné par un cuir souple et poli. Ces trois visages prirent une expression malicieuse en regardant l'étranger, qui tout-à-coup fut aspergé d'une petite pluie fine et blanchâtre, dont le parfum prouvait que les trois mentons venaient d'être rasés.

Élevés sur la pointe de leurs pieds, et réfugiés au fond de leur grenier pour jouir de la colère de la victime, les commis cessèrent tout-à-coup leurs rires en voyant l'insouciant dédain avec lequel le jeune homme secoua son manteau, et le profond mépris que peignit sa figure, quand il leva les yeux sur la lucarne vide.

Mais en ce moment, une main blanche et délicate fit remonter, vers son imposte, la partie inférieure d'une des grossières croisées du troisième étage, au moyen de ces ingénieuses coulisses dont le tourniquet capricieux ne retient pas toujours les lourds vitrages qui lui sont confiés. Alors le jeune artiste reçut la récompense de sa longue attente. La délicieuse figure d'une jeune fille aussi fraîche qu'un de ces blancs calices qui fleurissent au sein des eaux, apparut couronnée de la mousseline froissée qui donnait à son front, à sa tête, un air d'innocence admirable; son cou blanc, son sein virginal, couverts d'une étoffe brune en désordre, se voyaient, grâces à de légers interstices ménagés par les mouvemens ignorés du sommeil. Aucune expression de contrainte n'altérait la grâce ingénue de ce visage et de ces yeux immortalisés par avance dans les sublimes compositions de Raphaël : c'était la même grâce, la même tranquillité de ces vierges devenues proverbiales.

Il existait un ravissant contraste produit par la jeunesse des joues de cette figure sur laquelle le sommeil avait laissé comme une surabondance de vie, et par la vieillesse de cette fenêtre massive aux contours grossiers, dont l'appui était noir. La jeune fille à moitié éveillée, et semblable à ces fleurs de jour qui n'ont pas encore au matin déplié toutes leurs tuniques roulées par le froid des nuits, laissa errer ses yeux bleus sur les toits voisins, regarda le ciel ; et, par une sorte d'habitude, les baissa sur les sombres régions de la rue, où ils rencontrèrent aussitôt ceux de l'artiste. Elle devint rouge comme une cerise, sans doute par coquetterie d'être vue ainsi en déshabillé; elle se retira vivement en arrière, le tourniquet tout usé tourna, et la croisée redescendit avec cette rapidité qui, de nos jours, a fait donner un nom odieux à cette triste invention de nos ancêtres, La vision avait disparu. Il semblait que la plus brillante des étoiles du matin eût été soudain cachée par un nuage noir.

Pendant tous ces petits évènemens, les lourds volets intérieurs qui défendaient le léger vitrage de la boutique du Chat-qui-pelote s'étaient enlevés comme par magie. La vieille porte à heurtoir avait tourné sur ses gonds, s'était repliée sur le mur intérieur de la maison, et un vieux serviteur, presque contemporain de l'enseigne, attachait, d'une main tremblante, à cette porte, un morceau de drap carré sur lequel étaient brodés, en soie jaune, l'enseigne et le nom classique de *Guillaume, successeur de Chevrel.*

Il eût été difficile à plus d'un passant de deviner le genre de commerce de M. Guillaume; car, à travers les gros barreaux de fer qui protégeaient extérieurement sa boutique, on n'y apercevait que des paquets enveloppés de toile brune aussi nombreux qu'une cohorte de harengs qui traverse l'Océan. Cependant, malgré l'apparente simplicité, pour ne pas dire plus, de cette gothique façade, M. Guillaume était, de tous les marchands drapiers de Paris, celui dont les magasins se trouvaient toujours les mieux fournis, dont les relations avaient le plus d'étendue, la probité commerciale le plus d'exactitude. Lorsque ses confrères avaient conclu des marchés urgens avec le gouvernement, il était toujours prêt à livrer, dans les huit jours, le drap nécessaire à l'habillement de nos armées, quel que fût le nombre d'aunes qu'ils eussent promis. Le rusé négociant avait mille manières de s'y prendre pour s'attribuer le plus fort bénéfice sans se trouver obligé, comme eux, de courir chez des protecteurs, d'y faire des bassesses ou de riches présens. Si ces fournisseurs de l'empire ne pouvaient le payer qu'en excellentes traités un peu longues, il indiquait son notaire comme un homme accommodant; et il savait encore tirer une seconde mouture du sac, grâce à cet expédient, qui avait fait dire proverbialement aux négocians de la rue Saint-Denis : « — Dieu vous garde du notaire de M. Guillaume ! » pour désigner un escompte onéreux.

Le vieux négociant se trouva debout comme par miracle, sur le seuil de sa boutique, au moment où le domestique se retira. M. Guillaume regarda de tous côtés la rue Saint-Denis, les boutiques voisines et le temps, comme un homme qui débarque au Hâvre et revoit la France après un voyage. Bien convaincu que rien n'avait changé pendant son sommeil, il aperçut alors le jeune artiste, qui, de son côté, regardait le patriarche de la draperie, comme M. de Humboldt dut contempler le premier kanguroos qu'il rencontra en Amérique.

M. Guillaume portait de larges culottes de velours noir, des bas chinés, des souliers carrés et ornés de boucles d'argent. Son habit à pans carrés, à basques carrées, à collet carré, environnait son corps, légèrement voûté, d'un drap verdâtre garni de grands boutons de métal blanc, mais rougis par un long usage. Ses cheveux gris, tout plats, étaient si exactement peignés sur son crâne jaune, qu'ils le faisaient ressembler à un champ sillonné. Ses petits yeux verts paraissaient avoir été percés avec une vrille, et flamboyaient sous deux arcs marqués d'une faible rougeur à défaut de sourcils. Ses longues inquiétudes avaient inscrit sur son front des rides horizontales aussi nombreuses que les plis d'un fichu. Cette figure blême annonçait la patience, la sagesse commerciale, et l'espèce de cupidité rusée que réclament les affaires.

A cette époque, on voyait moins rarement qu'aujourd'hui de ces vieilles familles qui conservaient, comme de précieuses traditions, les mœurs, les costumes caractéristiques de leurs professions, et qui étaient restées au milieu de la civilisation nouvelle semblables à ces débris antédiluviens retrouvés par M. Cuvier.

Le chef de la famille Guillaume était un de ces notables gardiens des anciens usages. On le surprenait à menacer un confrère du syndic, à regretter le prévôt des marchands, et jamais il ne parlait d'un jugement du tribunal de commerce sans le nommer la *sentence des consuls*. C'était sans doute en vertu de ces coutumes que, levé le premier de sa maison, il attendait là de pied ferme l'arrivée de ses trois commis, pour les gourmander en cas de retard.

Ces jeunes disciples de Mercure ne connaissaient rien de plus redoutable que l'activité silencieuse avec laquelle le patron scrutait leurs visages et leurs mouvemens, le lundi matin, ou quand il soupçonnait qu'ils pouvaient avoir commis quelque escapade. Mais, en ce moment, le vieux drapier ne faisait aucun attention à eux, tant il était occupé à chercher le motif de la sollicitude avec laquelle le jeune homme en bas de soie et en manteau portait alternativement les yeux sur son enseigne, sur lui, et sur les profondeurs de son magasin. Le jour, devenu plus éclatant, permettait d'apercevoir le bureau grillé, entouré de rideaux en vieille soie verte, où se tenaient les livres immenses, oracles muets de la maison. Le trop curieux étranger semblait convoiter ce petit local, et prendre le plan d'une salle à manger latérale éclairée par un vitrage pratiqué dans le plafond, et d'où la famille réunie devait facilement voir, pendant ses repas, les plus légers accidens qui pouvaient arriver sur le seuil de la boutique. Un si grand amour pour son logis paraissait suspect à un négociant qui avait subi le régime de la terreur; et M. Guillaume pensait assez naturellement que cette figure sinistre en voulait à la caisse du Chat-qui-pelote.

Le plus âgé des commis ayant joui assez discrètement du combat de regards qui avait lieu entre son patron et l'inconnu, se hasarda à se placer sur la dalle où était M. Guillaume; puis, voyant que le jeune homme contemplait à la dérobée les croisées du troisième, il fit deux pas dans la rue, leva la tête, et crut avoir aperçu mademoiselle Augustine Guillaume se retirer avec précipitation.

Le drapier, mécontent de la perspicacité de son premier commis, lui lança un regard de travers; mais tout-à-coup les craintes mutuelles que la présence de ce passant excitait dans l'âme du marchand et de l'amoureux apprenti se calmèrent. Ils virent l'inconnu faire signe à un fiacre matinal qui se rendait à une place voisine, et monter rapidement le marche-pied de la voiture en affectant une indifférence trompeuse. Ce départ mit un certain baume dans le cœur des deux autres commis, inquiets de retrouver la victime de leur aspersion.

— Hé bien, messieurs, qu'avez-vous donc à rester les bras croisés? dit M. Guillaume à ses trois néophytes; mais autrefois, sarpejeu! quand j'étais chez le sieur Chevrel, j'avais à cette heure-ci visité déjà plus de deux pièces de drap.

— Il faisait donc clair de meilleure heure? dit le second commis que cette tâche concernait. Le vieux négociant ne put s'empêcher d sourire.

Quoique deux de ces trois jeunes gens, confiés à ses soins par leurs pères, riches manufacturiers de Louviers et de Sedan, n'eussent qu'à demander cent mille écus pour les avoir le jour où ils seraient en âge de s'établir, M. Guillaume croyait de son devoir de les tenir sous la férule d'un antique despotisme, inconnu de nos jours dans les brillans magasins modernes : il les faisait travailler comme des nègres, et à eux trois ils suffisaient à une besogne qui mettrait sur les dents dix de ces employés dont le sybaritisme enfle aujourd'hui les colonnes du budget.

Aucun bruit ne troublait la paix de cette maison solennelle, où les gonds, les serrures, semblaient toujours huilés, et dont le moindre meuble avait cette propreté respectable qui annonce un ordre et une économie sévères. Souvent, le plus espiégle des commis s'était amusé à écrire sur le fromage de gruyère qu'on leur abandonnait au déjeûner, et qu'ils se plaisaient à respecter, la date de sa réception primitive. Cette malice et quelques autres semblables faisaient parfois sourire la plus jeune des deux filles de M. Guillaume, cette jolie vierge qui venait d'apparaître au passant enchanté. Quoique le plus jeune des apprentis payât même une très forte pension, aucun d'eux n'eût été assez hardi pour rester à la table du patron au moment où le dessert y était servi. Lorsque madame Guillaume parlait d'accommoder la salade, ces pauvres jeunes gens tremblaient en songeant avec quelle parcimonie son inexorable main savait y épancher l'huile. Il ne fallait pas qu'ils s'avisassent de passer une nuit dehors, sans avoir justifié long-temps à l'avance le sujet de cette irrégularité. Enfin, chaque dimanche, et à tour de rôle, deux commis accompagnaient la famille Guillaume à la messe de Saint-Leu et aux vêpres. Mesdemoiselles Virginie et Augustine, modestement vêtues d'indienne, donnaient chacune le bras à un commis, et marchaient en avant, sous les yeux perçans de leur mère, qui fermait ce petit cortége domestique avec son mari, accoutumé par elle à porter deux gros paroissiens reliés en maroquin noir.

Le second commis n'avait pas d'appointemens. Quant à celui que sept ans de persévérance et de discrétion initiaient aux secrets de la maison, il recevait huit cents francs en récompense de ses labeurs. Mais à certaines fêtes de famille, il était gratifié de quelques cadeaux auxquels la main sèche et ridée de madame Guillaume donnait seule du prix : c'étaient des bourses en filet qu'elle avait soin d'emplir de coton pour en faire valoir les dessins à jour, ou des bretelles fortement conditionnées, et des paires de bas de soie bien lourdes. Quelquefois, mais rarement, ce premier ministre était admis à partager les plaisirs de la famille, soit quand elle allait à la campagne, soit quand, après des mois d'attente, elle se décidait à user de son droit à demander, en louant une loge, une pièce que tout Paris ne voyait plus. Quant aux deux autres commis, la barrière de respect qui séparait jadis un maître drapier de ses apprentis était placée si fortement entre eux et le vieux négociant, qu'il leur eût été plus facile de voler une pièce de drap que de faire plier cette auguste étiquette.

Cette réserve peut paraître ridicule aujourd'hui ; mais aussi, ces vieilles maisons étaient des écoles de mœurs et de probité ; les maîtres adoptaient leurs apprentis ; le linge d'un jeune homme était soigné, réparé et quelquefois renouvelé par la maîtresse de la maison ; si un commis tombait malade, il était l'objet de soins vraiment maternels ; et le patron prodiguait son argent pour appeler les plus célèbres docteurs, en cas de danger ; bref, il répondait des mœurs et du savoir de ces jeunes gens à leurs parens. Si l'un d'eux tombait dans quelque infortune, on savait apprécier un caractère honorable et l'intelligence qu'on avait développés, et ces vieux négocians n'hésitaient pas à confier le bonheur de leurs filles à celui auquel ils avaient pendant si long-temps confié leurs fortunes.

M. Guillaume était un de ces hommes antiques : s'il en avait les ridicules, il en avait le cœur et les qualités. Aussi M. Joseph Lebas, son premier commis, orphelin et sans fortune, était-il, dans son idée, l'époux qu'il destinait à Virginie, sa fille aînée. Mais M. Joseph n'avait pas adopté les pensées symétriques de son patron, qui n'aurait pas pour un empire marié sa seconde fille avant la première ; et l'infortuné commis se sentait le cœur entièrement pris pour mademoiselle Augustine la cadette.

Afin de justifier cette passion qui avait grandi secrètement, il est nécessaire de pénétrer plus avant dans les ressorts du gouvernement absolu qui régissait la maison du vieux marchand drapier.

M. Guillaume avait deux filles. L'aînée, mademoiselle Virginie, était tout le portrait de sa mère. Or, madame Guillaume, fille du sieur Chevrel, se tenait si droite sur la banquette de son comptoir, que plus d'une fois elle avait entendu des plaisans parier qu'elle y était empalée. Sa figure maigre et longue annonçait une dévotion outrée. Sans grâces et sans manières aimables, madame Guillaume ornait habituellement sa tête presque sexagénaire d'un bonnet dont la forme était invariable et qui avait des barbes comme celui d'une veuve. Tout le voisinage l'appelait la sœur tourière. Sa parole était brève, ses gestes les plus gracieux avaient quelque chose des mouvemens saccadés d'un télégraphe ; et son œil, clair comme celui d'un chat, semblait en vouloir à tout le monde de ce qu'elle était laide. Mademoiselle Virginie, élevée comme sa jeune sœur sous les lois despotiques de leur mère, avait atteint l'âge de vingt-huit ans. La jeunesse atténuait l'air disgracieux que sa ressemblance avec sa mère donnait parfois à sa figure ; mais la rigueur maternelle l'avait dotée de deux grandes qualités, qui pouvaient tout contrebalancer : elle était douce et patiente.

Mademoiselle Augustine, à peine âgée de dix-huit ans, ne ressemblait ni à son père ni à sa mère ; elle était de ces personnes qui, par l'absence de tout lien physique avec leurs parens, font croire à ce dicton de prude :

Dieu donne les enfans. Augustine était petite, ou, pour mieux la peindre, mignonne. Gracieuse et pleine de candeur, un homme du monde n'aurait pu reprocher à cette charmante créature que des gestes mesquins ou certaines attitudes communes, et parfois de la gêne. Sa figure silencieuse et immobile respirait cette mélancolie passagère qui s'empare de toutes les jeunes filles trop faibles pour oser résister aux volontés d'une mère.

Toujours modestement vêtues, les deux sœurs ne pouvaient satisfaire la coquetterie innée chez la femme que par un luxe de propreté qui leur allait à merveille, et les mettait en harmonie avec ces comptoirs luisans, avec ces rayons sur lesquels le vieux domestique ne souffrait pas un grain de poussière, et avec la simplicité antique de tout ce qui se voyait autour d'elles. Obligées, par leur genre de vie, à chercher des élémens de bonheur en des travaux obstinés, Augustine et Virginie n'avaient donné jusqu'alors que du contentement à leur mère, qui s'applaudissait secrètement de la perfection du caractère de ses deux filles.

Il est facile d'imaginer les résultats de l'éducation qu'elles avaient reçue. Élevées pour le commerce, habituées à n'entendre que des raisonnemens et des calculs tristement mercantiles, n'ayant appris que la grammaire, la tenue des livres, un peu d'histoire juive, l'histoire de France dans Le Ragois, et ne lisant que les auteurs dont leur mère permettait l'entrée au logis, leurs idées n'avaient pas beaucoup d'étendue. Elles savaient parfaitement tenir un ménage; elle connaissaient le prix des choses; et, appréciant les difficultés que l'on éprouve à amasser l'argent, elles étaient économes et avaient une sorte de respect pour les qualités d'un négociant. Malgré la fortune de leur père, elles étaient aussi habiles à faire des reprises qu'à festonner. Ignorant les plaisirs du monde, et voyant comment s'écoulait la vie exemplaire de leurs parens, elles ne portaient que bien rarement leurs regards au delà de l'enceinte de cette vieille maison patrimoniale qui pour leur mère était tout l'univers.

Les réunions occasionées par les solennités de famille formaient tout l'avenir de leurs joies terrestres. Quand le grand salon situé au second étage devait recevoir leur oncle le notaire et sa femme qui avait des diamans ; un cousin chef de division au ministère de la guerre ; les négocians les mieux famés de la rue des Bourdonnais ; deux ou trois vieux banquiers, et quelques jeunes femmes de mœurs irréprochables, les apprêts nécessités par la manière dont l'argenterie, les porcelaines de Saxe, les cristaux, les bougies, étaient serrés, faisaient une diversion à la taciturnité de la vie ordinaire de ces trois femmes. Alors elles allaient et venaient, se donnaient autant de mouvement que des religieuses qui reçoivent un évêque ; et quand, le soir, fatiguées toutes trois d'avoir essuyé, frotté, déballé, et mis en place tous les ornemens de la fête, les deux jeunes filles aidaient leur mère à se coucher, madame Guillaume leur disait : — Nous n'avons rien fait aujourd'hui, mes enfans!...

Lorsque, dans ces assemblées solennelles, madame Guillaume permettait de danser, en confinant les parties de boston, de wisth et de trictrac dans sa chambre à coucher, c'était de ces félicités qui ne pouvaient être surpassées que par le bonheur d'aller à deux ou trois grands bals, où M. Guillaume menait ses filles à l'époque du carnaval.

Enfin, une fois par an, l'honnête drapier donnait une fête pour laquelle rien n'était épargné. Telles riches et élégantes que fussent les personnes invitées, elles se gardaient bien d'y manquer ; car les maisons les plus considérables de la place avaient recours à l'immense crédit, à la fortune ou à la vieille expérience de M. Guillaume.

Mais les deux filles de ce digne négociant ne profitaient pas autant qu'on pourrait le supposer des renseignemens que le monde offre à de jeunes âmes. Elles apportaient dans ces réunions, qui semblaient inscrites sur le carnet d'échéance de la maison, des parures dont la mesquinerie les faisait rougir. Leur manière de danser n'avait rien de remarquable, et la surveillance maternelle ne leur permettait pas de soutenir la conversation autrement que par : Oui et non avec leurs cavaliers. Puis la loi de la vieille enseigne du Chat-qui-pelote leur ordonnait d'être rentrées à onze heures ; moment où les bals et les fêtes commencent à s'animer.

Ainsi leurs plaisirs, en apparence assez conformes à la fortune de leur père, devenaient souvent insipides par des circonstances qui tenaient aux habitudes et aux principes de cette famille; mais, quant à leur vie habituelle, une seule observation achèvera de la peindre : madame Guillaume exigeait que ses deux filles fussent habillées et descendues tous les jours à la même heure, et leurs occupations étaient soumises à une régularité monastique.

Cependant Augustine avait reçu du hasard une âme assez élevée pour sentir le vide de cette existence. Parfois ses yeux bleus se relevaient comme pour interroger les profondeurs de cet escalier sombre et de ces magasins humides; puis, après avoir sondé ce silence de cloître, elle semblait écouter de loin d'indistinctes révélations de cette vie passionnée qui met les sentimens à un plus haut prix que les choses. Alors son visage se colorait, ses mains inactives laissaient tomber la blanche mousseline sur le chêne poli du comptoir, et bientôt sa mère lui disait d'une voix qui restait toujours aigre même dans les tons les plus doux : — Augustine, à quoi pensez-vous donc, mon bijou?...

Peut-être *Hyppolyte comte de Douglas* et le

Comte de Comminges, deux romans trouvés par Augustine dans l'armoire d'une cuisinière que madame Guillaume avait récemment renvoyée, contribuèrent-ils à développer les idées de cette jeune fille. Elle les avait furtivement dévorés pendant une longue nuit de l'hiver précédent. Les expressions vagues de désir, la voix douce, la peau de jasmin et les yeux bleus d'Augustine, avaient donc allumé dans l'âme du pauvre orphelin un amour aussi violent que respectueux.

Par un caprice facile à comprendre, Augustine ne se sentait aucun goût pour M. Joseph Lebas; peut-être était-ce parce qu'elle ne savait pas en être aimée; mais, en revanche, les longues jambes, les cheveux châtains, les grosses mains et l'encolure vigoureuse du premier commis, avaient trouvé une secrète admiratrice dans mademoiselle Virginie, qui, malgré cinquante mille écus de dot, n'était demandée en mariage par personne.

Rien n'était plus naturel que ces deux passions inverses nées au sein du silence de ces comptoirs obscurs comme des violettes dans la profondeur d'un bois. La muette et constante contemplation qui réunissait les yeux de ces jeunes gens par un besoin violent de distraction au milieu de travaux obstinés et d'une paix religieuse, devait tôt ou tard exciter des sentimens d'amour. L'habitude de voir une figure fait qu'on y découvre insensiblement les qualités de l'âme, et qu'on finit par en oublier les défauts.

—Au train dont cet homme-là y va, nos filles ne tarderont pas à se mettre à genoux devant un prétendu ! se dit M. Guillaume en lisant, un matin, le premier décret par lequel Napoléon anticipa sur les classes de conscrits. Alors le vieux marchand, désespéré de voir sa fille aînée se faner, et se souvenant d'avoir épousé mademoiselle Chevrel à peu près dans la situation où se trouvaient Joseph Lebas et Virginie, calcula que, tout en mariant sa fille, il acquitterait une dette sacrée en rendant à un orphelin le bienfait qu'il avait reçu jadis.

M. Joseph avait trente-trois ans. Il pensa qu'il y avait déjà quinze ans de différence entre l'âge d'Augustine et le sien, et trop perspicace pour ne pas deviner les desseins de M. Guillaume, il en connaissait assez les principes inexorables pour savoir que jamais la cadette ne se marierait avant l'aînée. Alors le pauvre commis ayant un cœur aussi excellent que ses jambes étaient longues et son buste épais, souffrait en silence.

Tel était l'état des choses dans cette petite république, qui au milieu de la rue Saint-Denis ressemblait assez à une succursale de la Trappe. Mais pour rendre un compte exact des évènemens extérieurs comme des sentimens, il est nécessaire de remonter à quelques mois avant la scène par laquelle commence cette histoire.

Or, à la nuit tombante, un jeune homme passant devant l'obscure boutique du Chat-qui-pelote, y était resté un moment en contemplation à l'aspect d'une scène qui aurait arrêté tous les peintres du monde. Le magasin n'étant pas encore éclairé, formait un plan entièrement noir, au fond duquel se voyait la salle à manger du marchand. Sur la table ronde une lampe astrale répandait ce jour doux qui donne tant de grâce aux tableaux de l'école hollandaise. Le linge éblouissant de blancheur, l'argenterie, les cristaux, formaient de brillans accessoires qui s'embellissaient encore par de puissantes oppositions d'ombre et de lumière. La figure du père de famille et celle de sa femme, les visages des commis et l'image céleste de la jeune Augustine, à deux pas de laquelle se voyait une grosse fille joufflue, composaient un groupe si curieux, ces têtes étaient si originales, chaque caractère avait une expression si franche et si forte, on devinait si bien la paix, le silence et la modeste vie de cette famille, que, pour un artiste accoutumé à exprimer la nature et à la sentir, il y avait quelque chose de désespérant à vouloir rendre un jour cette scène fortuite.

Le passant était un jeune peintre qui, sept ans auparavant, avait remporté le grand prix. Il revenait de Rome. Son âme nourrie de poésie, ses yeux rassasiés de Raphaël et de Michel-Ange, avaient soif de la nature et de la vérité après une longue habitation du pays pompeux où tout est grand; du moins tel était son sentiment personnel. Abandonné à toute la fougue des passions italiennes, son cœur demandait une de ces vierges modestes et recueillies que, malheureusement pour lui, il n'avait su trouver qu'en peinture à Rome.

De l'enthousiasme imprimé à son âme exaltée par le tableau naturel qu'il contemplait, il passa à une profonde admiration pour la figure principale. Augustine ne mangeait pas; elle paraissait pensive; et, par une disposition de la lampe dont la lumière tombait entièrement sur son visage, elle semblait se mouvoir dans un cercle de feu qui détachait plus vivement les contours de sa tête et l'illuminait d'une manière presque surnaturelle. L'artiste vit en elle un ange exilé. Une sensation presque inconnue, un amour frais et délicieux inonda son cœur. Après être resté un moment comme écrasé sous le poids de ses idées, il s'arracha à son bonheur, rentra chez lui, ne mangea pas, ne dormit pas; et, le lendemain, il entra dans son atelier, pour n'en sortir qu'après avoir déposé sur la toile la magie de cette scène dont le souvenir l'avait en quelque sorte fanatisé.

Mais sa félicité ne fut pas complète tant qu'il ne posséda pas un portrait fidèle de son idole. Il passa plusieurs fois devant la maison du Chat-qui-pelote; il osa même y entrer une ou deux fois sous le masque d'un déguisement, afin de voir de plus près la ravissante créature que madame Guillaume couvrait de son aile; et, pendant huit mois entiers, adonné à son amour et à ses pinceaux, il resta invisible pour ses amis les plus intimes, oubliant le monde, la poésie, le théâtre, la musique, et tout ce qui lui était cher.

Un matin, Girodet, forçant toutes ces consignes que les artistes connaissent et savent éluder, parvint à lui, et le réveilla par cette interrogation : — Que mettras-tu au Salon ?

L'artiste saisit la main de son ami, l'entraîne à son atelier, découvre un petit tableau de chevalet et un portrait. Après une lente et avide contemplation des deux chefs-d'œuvre, Girodet saute au cou de son camarade et l'embrasse, car il ne trouva point de paroles pour l'éloge. Ce qu'il éprouva ne pouvait se rendre que comme il le sentit, d'âme à âme.

— Tu es amoureux? dit Girodet.

Ils savaient l'un et l'autre que les plus beaux portraits de Titien, de Raphaël et de Léonard de Vinci, n'étaient dus qu'au sentiment de l'amour; et alors le jeune artiste inclina la tête.

— Es-tu heureux de pouvoir être amoureux ici, en revenant d'Italie! mais je ne te conseille pas de mettre cela au Salon, ajouta le grand peintre; vois-tu, ces deux tableaux-là ne seraient pas sentis. Ces couleurs vraies, ce travail prodigieux, ne peuvent pas être appréciés. Le public n'est plus accoutumé à tant de profondeur. Les tableaux que nous peignons, mon bon ami, ne sont que des écrans, des paravents. Tiens, faisons plutôt des vers, et traduisons Anacréon : je t'assure qu'il y a plus de gloire à attendre de cela.

Malgré cet avis charitable les deux tableaux furent exposés.

La scène d'intérieur fit une révolution dans la peinture. Elle donna naissance à ces tableaux de genre dont il s'importe une si grande quantité à toutes nos expositions, qu'on pourrait croire qu'ils s'obtiennent par des procédés purement mécaniques. Quant au portrait, il y a peu d'artistes qui ne gardent le souvenir de cette toile vivante, à laquelle tout un public, toujours juste en masse, laissa la couronne que Girodet y plaça lui-même. Les deux tableaux furent entourés d'une foule immense: on s'y tua, comme disent les dames. Des spéculateurs, de grands seigneurs couvrirent ces deux toiles de doubles napoléons: mais l'artiste refusa obstinément de les vendre; il refusa même d'en faire des copies. On lui offrit une somme énorme pour les laisser graver: les marchands ne furent pas plus heureux que les gens de cour.

Cette aventure fit du bruit dans le monde; mais elle n'était pas de nature à parvenir au fond de la petite Thébaïde de la rue Saint-Denis. Cependant la femme du notaire, venant faire une visite à madame Guillaume, parla à Augustine, qu'elle aimait beaucoup, de l'exposition, lui en expliqua l'origine et le but. Le babil de madame Vernier inspira à Augustine le désir de voir les tableaux, et la hardiesse de demander secrètement à sa tante d'aller au Louvre avec elle. La tante réussit assez bien dans la négociation qu'elle entama auprès de madame Guillaume, car elle obtint d'arracher sa nièce, pendant environ deux heures, à ses tristes travaux.

La jeune fille pénétra, à travers la foule, jusqu'au tableau couronné. Un frisson la fit trembler comme une feuille de bouleau, quand elle se reconnut. Elle eut peur, et regarda autour d'elle pour rejoindre sa tante, dont un flot de monde l'avait séparée. Alors, ses yeux effrayés rencontrèrent la figure enflammée du jeune peintre. Elle se rappela tout-à-coup la physionomie d'un promeneur que, curieuse, elle avait souvent remarqué, en croyant que c'était un nouveau voisin.

— Vous voyez ce que l'amour m'a fait faire !... dit l'artiste à l'oreille de la timide créature, qui resta tout épouvantée de ces paroles.

Elle trouva un courage surnaturel pour fendre la presse, et pour rejoindre sa tante encore occupée à percer la masse de monde qui l'empêchait d'arriver jusqu'au tableau.

— Vous seriez étouffée !... s'écria Augustine, Partons, ma tante.

Mais il y a, au Salon, certains momens pendant lesquels deux femmes ne sont pas toujours libres de diriger leurs pas dans les galeries du Louvre. Mademoiselle Guillaume et sa tante furent placées à quelques pas du second tableau, par suite des mouvemens irréguliers que la foule leur imprima. Cette fois, madame

Vernier et Augustine eurent la facilité d'approcher ensemble de la toile illustrée par la mode, d'accord cette fois avec le talent. La tante fit une exclamation de surprise perdue dans le brouhaha et les bourdonnemens de la foule ; mais Augustine pleura involontairement à l'aspect de cette merveilleuse scène. Puis, par un sentiment presque inexplicable, elle mit un doigt sur ses lèvres, en apercevant à deux pas d'elle la figure extatique du jeune artiste.

Il répondit par un signe de tête, et désigna du doigt madame Vernier, comme un trouble-fête, pour montrer à la jeune fille qu'elle était comprise. Cette pantomime jeta comme un brasier dans le corps de la pauvre fille. Elle se crut en quelque sorte criminelle ; car elle se figura qu'il venait de se conclure un pacte entre elle et l'inconnu.

Une chaleur étouffante, le continuel aspect des plus brillantes toilettes, et l'étourdissement que devait produire sur Augustine la variété de couleurs vives, la multitude des figures vivantes et peintes, la profusion des cadres d'or, lui firent éprouver une espèce d'enivrement qui redoubla ses craintes. Elle se serait peut-être évanouie, si, malgré ce chaos de sensations, il ne s'était élevé au fond de son cœur une jouissance inconnue, et que la rapidité de son invasion rendait presque cruelle.

Alors, elle se crut sous l'empire de ce démon dont la voix tonnante des prédicateurs lui avait annoncé de si terribles effets. Ce moment fut pour elle comme un moment de folie.

Elle se vit accompagnée jusqu'à la voiture de sa tante par ce jeune homme resplendissant de bonheur et d'amour. Alors Augustine, en proie à une irritation toute nouvelle, à une ivresse qui la livrait en quelque sorte à la nature, écouta la voix éloquente de son cœur. Elle regarda plusieurs fois le jeune peintre en laissant paraître le trouble dont elle était saisie. Jamais l'incarnat de ses joues n'avait été plus brillant, et n'avait formé de plus vigoureux contraste avec la blancheur de sa peau. C'était la beauté dans toute sa fleur, la pudeur dans toute sa gloire. Elle pensa avec une sorte de joie, mêlée de terreur, que sa présence causait la félicité de celui dont le nom était sur toutes les lèvres, dont le talent donnait l'immortalité humaine à de passagères images! Elle en était aimée!... Il lui était impossible d'en douter.

Quand elle ne vit plus l'artiste, elle entendit encore retentir dans son cœur ces paroles simples : — « Vous voyez ce que l'amour m'a fait faire. » Alors les palpitations profondes de son cœur lui semblèrent une douleur, car elle sentait son sang plus riche aller réveiller la vie dans toutes régions de son faible corps.

Elle allégua un grand mal de tête pour éviter de répondre aux questions de sa tante relativement aux tableaux; mais, au retour, madame Vernier ne put s'empêcher de parler à madame Guillaume de la célébrité obtenue par le Chat-qui-pelote, et Augustine trembla de tous ses membres en entendant dire à sa mère qu'elle irait au salon pour y voir sa maison. La jeune fille insista de nouveau sur sa souffrance pour avoir la permission d'aller se coucher.

— Voilà ce qu'on gagne à tous ces spectacles!..... s'écria M. Guillaume. Des maux de tête!..... C'est donc bien amusant de voir en peinture ce qu'on rencontre tous les jours dans les rues! Ne me parlez pas de ces artistes... c'est comme vos auteurs, tous meure-de-faim !... Que diable ont-ils besoin de prendre ma maison pour la vilipender dans leurs tableaux !...

— Cela pourra nous faire vendre quelques aunes de drap, dit Joseph Lebas.

Cette observation n'empêcha pas que les arts et la pensée ne fussent condamnés encore une fois au tribunal de ces hommes intéressés ; et, comme on le pense, ces discours ne donnèrent pas grand espoir à Augustine.

Elle eut la nuit tout entière pour se livrer à la première méditation de l'amour. Les évènemens de cette journée furent comme un songe qu'elle se plut à reproduire plus d'une fois. Seule, elle s'initia aux craintes, aux espérances, aux remords, à toutes ces ondulations de sentiment qui devaient bercer un cœur simple et timide comme le sien. Quel vide elle reconnut dans cette noire maison, et quel trésor elle trouva dans son âme ! Être la femme d'un homme de talent, partager sa gloire ! Quels ravages cette idée ne devait-elle pas faire au cœur d'une jeune fille élevée au sein de cette famille simple ! Quelle espérance ne devait-elle pas éveiller chez une jeune fille qui, nourrie jusqu'alors de principes vulgaires, avait désiré une vie élégante! C'était un rayon de soleil tombé dans une prison souterraine.

Augustine aima tout-à-coup. En elle tant de sentimens étaient flattés à la fois, qu'elle devait succomber! Elle ne calcula rien. A dix-huit ans, l'amour ne jette-t-il pas son prisme entre le monde et les yeux d'une jeune fille? Elle se crut capable de soutenir les rudes chocs qui résultent de l'alliance d'une femme aimante et simple avec un homme puissant d'imagination; elle pensa être appelée à faire le bonheur de celui-ci, ou plutôt elle ne pensa à rien, n'apercevant aucune disparate entre elle et lui; car, pour elle, le présent était tout l'avenir.

Quand le lendemain son père et sa mère revinrent du salon, leurs figures attristées annonçaient quelque désappointement. D'abord, les deux tableaux avaient été retirés par le peintre capricieux; puis, madame Guillaume avait perdu son schall de dentelle noire. Apprendre que les tableaux venaient de disparaître après sa visite au salon, fut pour Augustine la révélation d'une délicatesse de sentiment que les femmes savent toujours apprécier instinctivement.

Le matin où, rentrant d'un bal, Henri de Sommervieux (c'était le nom que la renommée avait apporté à Augustine) fut aspergé par les commis du Chat-qui-pelote, pendant qu'il attendait l'apparition de sa naïve amie, laquelle ne le savait certes pas là, les deux amans se voyaient pour la quatrième fois seulement, depuis la scène du salon.

Les obstacles que le régime de la maison Guillaume devait opposer au caractère fougueux de l'artiste, donnaient à sa passion pour Augustine une violence difficile à décrire. Comment aborder une jeune fille, assise dans un comptoir entre deux femmes telles que mademoiselle Virginie et madame Guillaume ? Comment correspondre avec elle, quand sa mère ne la quitte pas des yeux ?

Habile à se forger des malheurs, comme tous les amans, Henri se créait un rival dans l'un des commis, et mettait les autres dans les intérêts de celui-ci. S'il échappait à tant d'Argus, il se voyait échouant sous les yeux sévères du vieux négociant ou de madame Guillaume. Partout des barrières, partout le désespoir. La violence même de sa passion empêchait le jeune peintre de trouver ces expédiens ingénieux qui, chez les prisonniers et les amans, semblent le dernier effort de la raison humaine échauffée par un sauvage besoin de liberté ou par le feu plus actif de l'amour. Alors Henri de Sommervieux tournait dans le quartier avec l'activité d'un fou, comme si le mouvement pouvait lui suggérer des ruses.

Après s'être bien tourmenté l'imagination, il inventa de gagner à prix d'or la servante joufflue. Quelques lettres se succédèrent de loin en loin pendant la quinzaine qui suivit la malencontreuse matinée où M. Guillaume et Henri s'étaient si bien examinés. En ce moment les deux jeunes gens étaient convenus de se voir à une certaine heure du soir et le dimanche à Saint-Leu pendant la grand'messe. De plus, Augustine avait envoyé à son cher Henri la liste de tous les parens et de tous les amis de la famille, chez lesquels le jeune peintre tâcha d'avoir accès, afin d'intéresser, s'il était possible, à ses joyeuses pensées, une de ces âmes occupées d'argent, de commerce, et auxquelles une passion véritable devait sembler la spéculation la plus monstrueuse et la plus inouïe du monde.

Au reste, rien ne changea dans les habitudes du magasin de draps; et, si Augustine fut distraite, si elle monta à sa chambre, contre toute espèce d'obéissance aux lois de la charte domestique, pour y aller, grâces à un pot de fleurs, établir des signaux; si elle soupira, si elle pensa enfin, personne, pas même sa mère, ne s'en aperçut.

Cette circonstance causera sans doute quelque surprise à ceux qui auront réussi à comprendre l'esprit de cette maison, où une pensée entachée de poésie qui, par hasard, animait un visage, devait produire un contraste avec toutes les expressions, les êtres et les choses. Ce fait était d'autant plus extraordinaire, qu'Augustine ne pouvait se permettre ni un geste ni un regard qui ne fussent vus et analysés par madame Guillaume ou par Joseph Lebas. Cependant rien n'était plus naturel. Le vaisseau si tranquille qui naviguait sur la mer orageuse de la place de Paris sous le pavillon du Chat-qui-pelote, était la proie d'une de ces tempêtes qu'on pourrait nommer équinoxiales par suite de leur retour périodique.

Depuis quinze jours les quatre hommes de l'équipage, madame Guillaume et mademoiselle Virginie, étaient occupés à ce travail excessif désigné sous le nom d'*inventaire*. Alors on remuait tous les ballots et l'on vérifiait l'aunage des pièces pour s'assurer de la valeur exacte du coupon restant; on examinait soigneusement la carte appendue au paquet pour reconnaître en quel temps les draps avaient été achetés; l'on en fixait le prix actuel. M. Guillaume, toujours debout, son aune à la main, la plume derrière l'oreille, ressemblait assez à un capitaine commandant la manœuvre. Sa voix aiguë, passant par un judas, pour interroger la profondeur des écoutilles du magasin d'en bas, faisait entendre ces locutions barbares du commerce, qui ne s'exprime que par énigmes :

— Combien d'H-N-Z ?
— Enlevé.
— Que reste-t-il de Q-X ?
— Deux aunes.
— Quel prix ?
— Cinq-cinq-trois.

— Portez à trois A, tout, J-J; tout, M-P; et le reste de V-D-O. Mille autres phrases tout aussi intelligibles ronflaient à travers les comptoirs comme des vers de la poésie moderne que des fanatiques se seraient cités pour entretenir l'enthousiasme d'un grand homme.

Le soir, M. Guillaume, enfermé avec son commis et sa femme, soldait les comptes, portait à nouveau, écrivait aux rétardataires, et dressait des factures. Tous trois préparaient ce travail immense dont le résultat tenait sur un carré de papier tellière, et prouvait à la maison Guillaume qu'il existait tant en argent, tant en marchandises, tant en traites, billets, etc.; qu'elle ne devait pas un sou, et qu'il lui était dû cent ou deux cent mille francs; que le capital avait augmenté; que les fermes, les maisons, les rentes, allaient être ou arrondies, ou réparées, ou doublées; et qu'en conséquence c'était un devoir de recommencer avec plus d'ardeur que jamais à ramasser de nouveaux écus, sans qu'il vînt à la tête de ces courageuses fourmis de se demander : — « A quoi bon ? »

C'était à la faveur de ce tumulte annuel

que l'heureuse Augustine échappait à l'investigation de ses Argus.

Enfin, un samedi soir, la clôture de l'inventaire eut lieu. Les chiffres du total actif offraient assez de zéros pour qu'en cette circonstance M. Guillaume levât la consigne sévère qui régnait toute l'année au dessert. Le sournois drapier se frotta les mains, et permit à ses commis de rester à table; mais à peine chacun des hommes achevait-il son petit verre d'une liqueur de ménage, que l'on entendit le roulement d'une voiture. La famille alla aux Variétés, tandis que les deux derniers commis reçurent chacun un écu de six francs, avec la faculté d'aller où bon leur semblerait, pourvu qu'ils fussent rentrés à minuit.

Malgré cette débauche, le dimanche matin, le vieux marchand drapier, qui avait fait sa barbe dès six heures, endossa un habit marron de drap fin dont il examinait toujours le teint et la laine avec un certain contentement; il attacha des boucles d'or aux jarretières d'une culotte de soie très ample et aux oreilles de ses souliers; puis, à sept heures, au moment où tout dormait encore dans la maison, il se dirigea vers le petit cabinet pratiqué au bout de son magasin du premier étage. Le jour y venait d'une croisée armée de gros barreaux de fer, et donnant sur une petite cour carrée formée de murs si noirs, qu'elle ressemblait assez à un puits.

Le vieux négociant ouvrit lui-même ces volets garnis de tôle qu'il connaissait si bien. Il releva une moitié du vitrage, en le faisant glisser dans sa coulisse. L'air glacé de la cour vint rafraîchir la chaude atmosphère de ce cabinet qui exhalait cette odeur particulière aux bureaux. Le marchand resta debout, et posa la main sur le bras crasseux d'un fauteuil de canne, doublé de maroquin, dont la couleur primitive était effacée. Il semblait hésiter à s'y asseoir. Il regarda d'un air attendri le bureau à double pupitre, où la place de sa femme se trouvait ménagée du côté opposé à la sienne, par une petite arcade pratiquée dans le mur. Il contempla les cartons numérotés, les ficelles, les ustensiles, le carreau, la caisse, objets dont l'origine était immémoriale!... et il crut se revoir devant l'ombre évoquée du sieur Chevrel. Il avança le même tabouret sur lequel il s'était jadis assis en présence de son défunt patron. Ce tabouret, garni de cuir noir, et dont le crin s'échappait toujours par les coins sans se perdre, il le plaça d'une main tremblante au même endroit où son prédécesseur l'avait mis; puis, dans une agitation difficile à décrire, il tira la sonnette qui correspondait au chevet du lit de Joseph Lebas.

Quand ce coup décisif eut été frappé, le vieillard, pour qui ces souvenirs étaient sans doute trop lourds, prit trois ou quatre lettres de change qui lui avaient été présentées à escompter, et il les regardait sans les voir quand Joseph Lebas se montra tout-à-coup.

— Asseyez-vous là, lui dit M. Guillaume en lui désignant le tabouret.

Or, jamais le vieux maître drapier n'avait fait asseoir son commis devant lui. Joseph Lebas en tressaillit.

— Que pensez-vous de ces traites? demanda M. Guillaume.

— Elles ne seront pas payées.

— Comment?

— Mais j'ai su qu'avant-hier Leroux et Compagnie ont fait tous leurs paiemens en or.

— Oh! oh!... s'écria le drapier, il faut être bien malade pour laisser voir sa bile! — Mais parlons d'autre chose. — Joseph, l'inventaire est fini.

— Oui, monsieur, et le dividende est un des plus beaux que vous ayez eus.

— Ne vous servez donc pas de ces nouveaux mots! Dites le produit, Joseph. Savez-vous, mon garçon, que c'est un peu à vous que nous devons ces résultats...? Aussi, je ne veux plus que vous ayez d'appointemens. Madame Guillaume m'a donné l'idée de vous offrir un intérêt... Hein, Joseph? Cela ne ferait-il pas une belle raison sociale, que Guillaume, Lebas et Compagnie? car on pourrait mettre et compagnie, pour arrondir la signature.

Les larmes vinrent aux yeux de Joseph Lebas, qui fit tous ses efforts pour les cacher, en s'écriant:

— Ah! monsieur Guillaume!... Comment ai-je pu mériter tant de bontés? je n'ai fait que mon devoir. Je suis pauvre, et c'était déjà tant que de...

Il brossait le parement de sa manche gauche avec la manche droite, et il n'osait regarder le vieillard, qui souriait, en pensant que ce modeste jeune homme avait sans doute besoin, comme lui autrefois, d'être encouragé pour rendre l'explication plus complète.

— Cependant, reprit le père de Virginie, vous ne méritez pas beaucoup cette faveur, Joseph! car vous ne mettez pas en moi autant de confiance que j'en mets en vous...

Le commis releva brusquement la tête.

— Vous avez les secrets de la caisse; depuis deux ans je vous ai dit presque toutes mes affaires; je vous ai fait voyager en fabrique; enfin, pour vous, je n'ai rien sur le cœur!... mais vous?... vous avez une inclination, et vous ne m'en avez pas touché un seul mot!...

Joseph Lebas rougit.

— Ah! ah! s'écria M. Guillaume, vous pensiez donc tromper un vieux renard comme moi?... Moi! à qui vous avez vu deviner la faillite Lecoq, et m'en tirer!...

— Comment, monsieur? répondit Joseph Lebas en examinant son patron avec autant d'attention que son patron l'examinait; comment, vous sauriez qui j'aime?...

— Je sais tout, vaurien!... lui dit le respectable et rusé marchand en lui prenant le bout de l'oreille. Et je te pardonne, — car j'ai fait de même!

— Et vous me l'accorderiez?...

— Oui, et avec cinquante mille écus!... Je t'en laisserai autant, et nous marcherons sur de nouveaux frais avec une nouvelle raison sociale! Nous brasserons encore des affaires, garçon!... s'écria le vieux marchand en s'exaltant, se levant et agitant ses bras; car vois-tu, mon gendre, il n'y a que le commerce!... Ce sont les imbécilles qui se demandent quels plaisirs on y trouve.

Oh! être à la piste des affaires; — savoir comment va la place; — attendre avec anxiété, comme au jeu, si les Etienne et compagnie font faillite; — voir passer un régiment de la garde impériale quand on l'a habillé; — donner un croc en jambe au voisin, loyalement s'entend! — faire fabriquer à meilleur marché; — suivre une affaire qu'on ébauche, qui commence, qui grandit, qui chancelle, qui réussit; connaître comme un ministre de la police tous les ressorts des maisons de commerce pour ne pas faire fausse route; les juger, se tenir debout devant les naufrages; avoir des amis par correspondance dans toutes les villes manufacturières !... Ouf !... Ah! c'est un jeu perpétuel, Joseph ! c'est vivre ça ! Je mourrai dans ce tracas-là, comme le vieux Chevrel, n'en prenant plus qu'à mon aise.....

Dans la chaleur de la plus forte improvisation que le père Guillaume eût jamais faite, il n'avait presque pas regardé son commis qui pleurait à chaudes larmes.

— Eh bien ! Joseph! pauvre garçon ! qu'as-tu donc ?..,

— Ah! je l'aime tant, tant: monsieur Guillaume, que je crois.... que le cœur me manque....

— Eh bien ! garçon, dit le marchand attendri, tu es plus heureux que tu ne crois, sarpejeu, car elle t'aime !... Je le sais... moi ! Et il cligna ses deux petits yeux verts en regardant de côté son commis.

Joseph Lebas cria, dans son enthousiasme:
— Mademoiselle Augustine, mademoiselle Augustine !...

Et il allait s'élancer hors du cabinet, quand

il se sentit arrêté par un bras de fer. C'était son patron stupéfait qui le ramenait vigoureusement devant lui.

— Qu'est-ce que fait donc Augustine dans cette affaire-là ?..... demanda M. Guillaume dont la voix glaça sur-le-champ le pauvre Joseph Lebas.

— N'est-ce pas elle... que... j'aime..? balbutia le commis.

M. Guillaume, déconcerté de son défaut de perspicacité, se rassit et mit sa tête pointue dans ses deux mains, pour réfléchir à la bizarre position dans laquelle il se trouvait.

Joseph Lebas honteux, et au désespoir, resta debout.

— Joseph !... reprit tout-à-coup le négociant avec une dignité froide, c'était de Virginie dont je vous parlais. L'amour ne se commande pas, je le sais. Je connais votre discrétion ; nous oublierons cela ; car je ne marierai jamais Augustine avant Virginie. Votre intérêt sera de dix pour cent.

Le commis, auquel l'amour donna je ne sais quel degré de courage et d'éloquence, joignit les mains, prit la parole, parla pendant un

quart d'heure à M. Guillaume avec tant de
chaleur, de sensibilité, que la situation changea. S'il s'était agi d'une affaire commerciale,
le vieux négociant aurait eu des règles fixes
pour prendre une résolution ; mais, jeté à mille
lieues du commerce, sur la mer des sentimens,
sans boussole, il flotta irrésolu devant un
évènement aussi original, se disait-il ; et alors,
entraîné par sa bonté naturelle, il battit un
peu la campagne.

— Que diable, Joseph ! tu n'es pas sans savoir que j'ai eu mes deux enfans à dix ans de
distance ! Mademoiselle Chevrel n'était pas
belle, elle n'a cependant pas à se plaindre de
moi. Que veux-tu ? cela s'arrangera peut-être,
nous verrons. Il y a toujours moyen de se tirer
d'affaire. Nous autres hommes nous ne sommes
pas toujours comme des Céladons pour nos
femmes... tu m'entends ? Madame Guillaume
est dévote, et... Allons, sarpejeu, mon enfant...
donne ce matin le bras à Augustine pour aller
à la messe !...

Telles furent les phrases jetées à l'aventure
par M. Guillaume. La conclusion qui les terminait ravit l'amoureux commis : il songeait

déjà à l'un de ses amis pour mademoiselle Virginie, quand il sortit du cabinet enfumé en serrant la main de son futur beau-père, après lui avoir dit, d'un petit air entendu, que tout s'arrangerait au mieux.

— Que va penser madame Guillaume ?... fut l'idée qui tourmenta prodigieusement le brave négociant quand il se trouva seul.

Au déjeûner madame Guillaume et Virginie, auxquelles le marchand drapier avait laissé provisoirement ignorer le désappointement du matin, regardèrent assez malicieusement Joseph Lebas, qui resta grandement embarrassé. La pudeur du commis lui concilia merveilleusement l'amitié de sa belle-mère. La matrone redevint si gaie qu'elle regarda M. Guillaume en souriant, et se permit quelques petites plaisanteries d'un usage immémorial dans ces familles innocentes : elle mit en question la taille de Virginie et de M. Joseph, pour leur demander de se mesurer. Ces niaiseries préparatoires eurent le pouvoir d'attirer quelques nuages sur le front du chef de famille. Il afficha même un tel amour pour le décorum, qu'il ordonna à Augustine de prendre le bras du premier commis, pour aller à Saint-Leu. Madame Guillaume, étonnée de cette pudeur masculine, honora son mari d'un signe de tête d'approbation. Le cortége, parti de la maison gothique, s'achemina donc dans un ordre qui ne pouvait suggérer aucune interprétation maligne aux voisins.

— Ne trouvez-vous pas, mademoiselle Augustine, disait le commis en tremblant, que la femme d'un négociant qui a un bon crédit, comme M. Guillaume, par exemple, pourrait s'amuser un peu plus que votre mère, porter des diamans, aller en voiture? Oh! moi, d'abord, si je me mariais, je voudrais avoir toute la peine, et voir ma femme heureuse. Je ne la mettrais pas dans mon comptoir... parce que, voyez-vous, dans la draperie, les femmes n'y sont plus si nécessaires qu'autrefois. M. Guillaume a eu raison d'agir comme il a fait, puisque c'était le goût de madame votre mère. Mais, qu'une femme sache donner un coup de main à la comptabilité, à la correspondance, au détail, aux commandes, à son ménage, afin de ne pas rester par trop oisive, c'est tout. Et, passé sept heures, quand la boutique serait fermée, moi je m'amuserais... J'irais au spectacle, dans le monde... Vous ne m'écoutez pas.

— Si fait, monsieur Joseph, mais que dites-vous de la peinture?... C'est là un bel état.

— Oui, il y a des maîtres peintres en bâtiment qui ont des écus...

Ce fut en devisant ainsi que la famille atteignit l'église de Saint-Leu. Là, madame Guillaume retrouva ses droits. Elle fit mettre, pour la première fois, Augustine à côté d'elle; et Virginie, placée sur la troisième chaise, prit place à côté de M. Lebas. Pendant le prône, tout alla à merveille entre Augustine et Henri de Sommervieux, qui, debout derrière un pilier, priait des yeux avec ferveur; mais au lever-Dieu, madame Guillaume s'aperçut, un peu tard, que sa fille Augustine tenait son livre de messe au rebours. Elle se disposait à la gourmander vigoureusement, quand, rabaissant son voile noir, elle interrompit sa lecture et se mit à regarder dans la direction qu'affectionnaient les yeux de sa fille. A l'aide de ses besicles, elle vit le jeune artiste, dont l'élégance mondaine annonçait plutôt quelque capitaine de cavalerie en congé, qu'un négociant du quartier. Il est difficile d'imaginer l'état violent dans lequel se trouva une femme telle que madame Guillaume, qui se flattait d'avoir parfaitement élevé ses filles, en reconnaissant, dans le cœur d'Augustine, un amour clandestin dont sa pruderie et son ignorance lui exagérèrent le danger. Elle crut sa fille gangrénée jusqu'au cœur.

— Tenez d'abord votre livre à l'endroit, mademoiselle! dit-elle à voix basse, mais en tremblant de colère.

Elle arracha vivement le Paroissien accusateur, et le remit de manière à ce que les lettres fussent dans leur sens naturel; puis elle ajouta :

— N'ayez pas le malheur de lever les yeux autre part que sur vos prières; autrement, vous auriez affaire à moi. Après la messe votre père et moi nous aurons à vous parler.

Ces paroles furent comme un coup de foudre pour la pauvre Augustine. Elle se sentit défaillir; mais combattue entre la douleur qu'elle éprouvait et la crainte de faire une esclandre dans l'église, elle eut le courage de cacher ses angoisses. Cependant, il était facile de deviner l'état violent de son âme en voyant son Paroissien trembler et des larmes tomber sur chacune des pages qu'elle tournait.

L'artiste recueillit un regard enflammé des yeux secs de madame Guillaume, et comprit le mystère. Il sortit, la rage dans le cœur, décidé à tout oser.

— Allez dans votre chambre, mademoiselle! dit madame Guillaume à sa fille en rentrant au logis. Nous vous ferons appeler; et surtout, ne vous avisez pas de sortir.

La conférence que les deux époux eurent ensemble fut si secrète, qu'il serait difficile d'en donner le procès-verbal. Cependant, Virginie, qui avait, par mille douces représentations, encouragé sa sœur, poussa la complaisance jusqu'à se glisser auprès de la porte de la chambre à coucher de sa mère, chez laquelle la discussion avait lieu, pour y écouter et recueillir quelques phrases. Au premier voyage qu'elle fit du troisième au second étage, elle entendit son père qui s'écriait :

— Madame, vous voulez donc tuer votre fille?...

— Ma pauvre enfant, dit Virginie à sa sœur éplorée, papa prend ta défense!

— Et que veulent-ils faire à Henri ?.., demanda l'innocente créature.

Alors la curieuse Virginie redescendit ; mais cette fois elle resta plus long-temps, car elle apprit que M. Lebas aimait Augustine.

Il était écrit que dans cette mémorable journée une maison ordinairement si calme serait un enfer. M. Guillaume désespéra Joseph Lebas en lui confiant qu'Augustine aimait un étranger. Lebas, qui avait déjà averti son ami de demander mademoiselle Virginie, vit ses espérances renversées. Mademoiselle Virginie, accablée de savoir que M. Joseph l'avait en quelque sorte refusée, fut prise d'une migraine. Enfin, la zizanie, semée entre les deux époux par l'explication que M. et madame Guillaume avaient eue ensemble, et où, pour la troisième fois de leur vie, ils se trouvaient d'opinions différentes, se manifesta d'une manière terrible.

Enfin, à quatre heures après midi, Augustine, pâle, tremblante et les yeux rouges, comparut devant son père et sa mère. La pauvre petite raconta naïvement la trop courte histoire de ses amours. Rassurée par l'allocution de son père, qui lui avait promis de l'écouter en silence, elle prit un certain courage en prononçant devant ses parens le nom de Henri de Sommervieux, dont elle fit malicieusement sonner la particule aristocratique. Alors, en se livrant au charme inconnu de parler de ses sentimens, elle trouva assez de hardiesse pour déclarer avec une innocente fermeté qu'elle aimait M. Henri de Sommervieux, qu'elle le lui avait écrit; et, les larmes aux yeux, elle ajouta que ce serait faire son malheur que de la sacrifier à un autre.

— Mais, Augustine, vous ne savez donc pas ce que c'est qu'un peintre?... s'écria sa mère avec horreur.

— Madame Guillaume!... dit le vieux père en la regardant; et il imposa silence à sa femme.

— Augustine, dit-il, les artistes sont en général des meure-de-faim. Ils sont dépensiers, et presque toujours de mauvais sujets. J'ai fourni feu M. Joseph Vernet, feu M. Lekain et feu M. Noverre. Ah! si tu savais combien ce M. Noverre, M. le chevalier de Saint-George, et surtout M. Philidor, ont joué de tours à ce pauvre M. Chevrel!... Ce sont de drôle de corps, je sais bien!... Ça vous a un babil, des manières... Jamais ton M. Sumer... Somm...

— De Sommervieux, mon père!

— Eh bien! de Sommervieux, soit! Jamais il n'aura été aussi agréable avec toi que M. le chevalier de Saint-Georges l'a été avec moi, le jour où j'obtins une sentence des consuls contre lui... Aussi était-ce des gens de qualité d'autrefois...

— Mais, mon père, M. Henri est noble... et il m'a écrit qu'il était riche... Son père s'appelait le comte de Sommervieux avant la révolution.

A ces paroles, M. Guillaume regarda sa terrible moitié, qui, en femme contrariée, frappait le plancher du bout du pied et gardait un morne silence. Évitant même de jeter ses yeux courroucés sur Augustine, elle semblait laisser à M. Guillaume toute la responsabilité d'une affaire aussi grave, puisque ses avis n'étaient pas écoutés. Cependant, malgré son flegme apparent, quand elle vit son mari prendre aussi doucement son parti sur une catastrophe qui n'avait rien de commercial, elle s'écria :

— En vérité, monsieur, vous êtes d'une faiblesse avec vos filles... mais...

Le bruit d'une voiture qui s'arrêtait à la porte interrompit tout-à-coup la mercuriale que le vieux négociant redoutait déjà.

En moins d'une minute, madame Vernier se trouva au milieu de la chambre; et, regardant les trois acteurs de cette scène domestique :

— Je sais tout!... dit la tante d'un air de protection. Madame Vernier avait un défaut, celui de croire que la femme d'un notaire de Paris pouvait jouer le rôle d'une petite-maîtresse... Je sais tout, répéta-t-elle, et je viens dans l'arche de Noé, comme la colombe, avec la branche d'olivier... J'ai lu cette allégorie dans le *Génie du christianisme,* dit-elle en se retournant vers madame Guillaume; et la comparaison doit vous plaire, ma cousine.

Savez-vous, ajouta-t-elle en souriant à Augustine que ce M. de Sommervieux est un homme charmant? Il m'a donné ce matin mon portrait fait de main de maître. Cela vaut au moins six mille francs... A ces mots, elle frappa doucement sur les bras de M. Guillaume; et le vieux négociant ne put s'empêcher de faire avec ses lèvres une petite moue qui lui était particulière.

— Je connais beaucoup M. de Sommervieux, reprit la tante. Il y a une quinzaine de jours qu'il est venu à mes soirées, et il en a fait le charme. Aussi, suis-je son avocat. Il m'a conté toutes ses peines : je sais de ce matin qu'il adore Augustine, et il l'aura. Ah ! cousine, n'agitez pas ainsi la tête en signe de refus !... Savez-vous qu'on prétend qu'il sera nommé baron, qu'il vient d'être nommé chevalier de la Légion d'Honneur par l'empereur lui même, au Salon. M. Vernier est son notaire, et connaît ses affaires. Eh bien! il possède, en bons biens au soleil vingt-quatre mille livres de rente. Savez-vous que le beau-père d'un homme comme lui peut devenir quelque chose, maire de son arrondissement, par exemple ! N'avez-vous pas vu M. Dupont être fait comte de l'empire et sénateur parce qu'il était maire, et qu'il avait été en poste complimenter l'empereur sur son entrée à Vienne. Oh! ce mariage-là se fera ! Je l'adore, moi, ce bon jeune homme! Sa conduite envers Augustine ne se voit que dans les romans. Va, ma petite, tu seras heureuse, et tout le monde voudrait être à ta place. J'ai chez moi, à mes soirées, madame la duchesse de Carigliano qui raffole de M. Henri de Sommervieux : il y a même de méchantes langues qui disent qu'elle ne vient chez moi que pour lui, comme si une duchesse d'hier était déplacée chez son notaire.

— Augustine, reprit la tante après une petite pause, j'ai vu le portrait!... Dieu! que c'est beau! Sais-tu que l'empereur a voulu le voir, et qu'il a dit en riant, au grand-connétable, que s'il y avait beaucoup de femmes comme celle-là à sa cour pendant qu'il y venait tant de rois, il se faisait fort de maintenir toujours la paix en Europe.

Le reste est facile à deviner. Les orages par lesquels cette journée avait commencé devaient ressembler à ceux de la nature, et ramener, comme eux, le temps le plus calme et le plus serein. Madame Vernier déploya tant de séductions dans ses discours; elle sut attaquer tant de cordes à la fois dans les cœurs secs de M. et de madame Guillaume, qu'elle finit par en trouver un sensible dont elle tira parti.

A cette singulière époque, le commerce et la finance avaient plus que jamais la folle manie de s'allier aux grands seigneurs, et les généraux de l'empire profitèrent assez bien de ces dispositions. M. Guillaume s'élevait singulièrement contre cette déplorable passion. Ses axiomes favoris étaient que, pour trouver le bonheur, une femme devait épouser un homme de sa classe ; que l'on était toujours tôt ou tard puni d'avoir voulu monter trop haut ; que l'amour résistait si peu aux tracas du ménage, qu'il fallait trouver l'un chez l'autre des qualités bien solides pour être heureux ; qu'il ne fallait pas qu'un époux en sût plus que l'autre, parce qu'on devait avant tout se comprendre ; qu'un mari qui parlait grec et la femme latin risquaient de mourir de faim. C'était là une espèce de proverbe qu'il avait inventé lui-même. Il comparait les mariages ainsi faits à ces anciennes étoffes de soie et de laine où la soie finissait toujours par couper la laine. Cependant, il y a tant de vanité au fond du cœur de l'homme, que toute la prudence du pilote succomba sous l'agressive volubilité de madame Vernier. La sévère madame Guillaume fut même la première à trouver dans l'inclination de sa fille des motifs pour déroger à ces principes, et pour consentir à recevoir au logis M. Henri de Sommervieux, qu'elle se promettait bien de soumettre à un rigoureux examen.

Le vieux négociant alla trouver Joseph Lebas. Il l'instruisit de l'état des choses. A six heures et demie, la salle à manger, illustrée par le peintre célèbre, réunit sous son toit de verre, madame et M. Vernier, le jeune peintre, et sa chère Augustine, Joseph Lebas, qui prenait son bonheur en patience, et mademoiselle Virginie, dont la migraine avait cessé. M. et madame Guillaume virent en perspective leur enfans établis et les destinées du Chat-qui-pelote remises en des mains habiles. Leur contentement fut au comble, lorsqu'au dessert Henri de Sommervieux leur fit présent de l'étonnant tableau qu'ils n'avaient pas pu voir, et qui représentait l'intérieur de cette vieille boutique, à laquelle était dû tant de bonheur.

— C'est-y gentil! s'écria M. Guillaume. Dire qu'on voulait donner trente mille francs de cela!

— Mais c'est qu'on y voit mes barbes!... reprit madame Guillaume.

— Et ces étoffes dépliées! ajouta M. Lebas; on les prendrait avec la main.

— Les draperies font toujours très bien, répondit le peintre. Nous serions trop heureux, nous autres artistes modernes, d'atteindre à la perfection de la draperie antique.

— Vous aimez donc la draperie?... s'écria M. Guillaume. Eh bien, sarpejeu! touchez là, mon jeune ami. Puisque vous estimez le commerce, nous nous entendrons. Eh! pourquoi le mépriserait-on? Le monde a commencé par là, puisque Adam a vendu le paradis pour une pomme. Ça n'a pas été une fameuse spéculation, par exemple!...

Et le vieux négociant se mit à éclater d'un gros rire franc, excité par le champagne qu'il avait fait ciculer généreusement.

Le bandeau dont les yeux du jeune artiste

étaient couverts fut si épais qu'il trouva presque de l'amabilité à ses futurs parens. Il ne dédaigna même pas de les égayer par quelques charges de bon goût. Aussi plut-il généralement.

Le soir, quand le salon meublé de choses très cossues, pour se servir de l'expression de M. Guillaume, se trouva désert ; et pendant que madame Guillaume s'en allait de table en cheminée, de candelabre en flambeau, soufflant avec précipitation les bougies, le brave négociant, qui savait toujours voir clair aussitôt qu'il s'agissait d'affaires ou d'argent, attira sa fille Augustine auprès de lui ; et, après l'avoir prise sur ses genoux, il lui tint ce discours :

— Ma chère enfant, tu épouseras ton M. de Sommervieux puisque tu le veux ; permis à toi de risquer ton capital de bonheur. Mais je ne me laisse pas prendre à ces trente mille francs que l'on gagne à gâter de bonne toile. Je sais que l'argent qui vient si vite s'en va de même. N'ai-je pas entendu dire ce soir à ce jeune écervelé que si l'argent était rond c'était pour rouler ! Il ne sait donc pas que s'il est rond pour les gens prodigues, les gens économes n'ignorent pas qu'il est plat pour s'amasser. Or, mon enfant, ce beau garçon-là parle de te donner des voitures, des diamans... Il a de l'argent, qu'il le dépense pour toi : *bene sit!* Je n'ai rien à y voir. Mais quant à ce que je te donne, je ne veux pas que des écus si péniblement amassés s'en aillent en carrosses ou en colifichets. Qui dépense trop n'est jamais riche. Avec cinquante mille écus on n'achète pas encore tout Paris; et tu as beau avoir à recueillir un jour quelques centaines de mille francs, je te les ferai attendre, sarpejeu! le plus long-temps possible. J'ai donc attiré ton prétendu dans un coin ; et, vois-tu, un homme qui a mené la faillite Lecoq n'a pas eu grande peine à faire consentir un artiste à se marier séparé de biens avec sa femme. J'aurai l'œil au contrat pour que les donations qu'il se propose de te constituer soient soigneusement hypothéquées. Allons, mon enfant, j'espère être grand-père, sarpejeu ! et je veux m'occuper déjà de mes petits-enfans!... Jure-moi donc ici, là, de ne jamais rien faire, rien signer que par mon conseil; ou si j'allais trouver trop tôt le père Chevrel, jure-moi de consulter le jeune Lebas, ton beau-frère. Promets-le-moi.

— Oui, mon père, je vous le jure.

A ces mots prononcés d'une voix douce, le vieillard baisa sa fille sur les deux joues; et tous les amans dormirent, ce soir-là, presque aussi paisiblement que M. et madame Guillaume.

Quelques mois après ce mémorable dimanche, le maître-autel de Saint-Leu fut témoin de deux mariages bien différens.

Augustine et le jeune Henri de Sommervieux s'y présentèrent dans tout l'éclat du bonheur, entourés des prestiges de l'amour, parés de toilettes élégantes, et attendus par un brillant équipage. Virginie, donnant le bras au modeste M. Lebas, et venue dans un bon remise avec sa famille, suivait humblement, en de plus simples atours, sa jeune sœur, comme une ombre nécessaire aux harmonies de ce tableau.

M. Guillaume s'était donné toutes les peines imaginables pour obtenir à l'église que Virginie fût mariée avant Augustine; mais il eut la douleur de voir le haut et bas clergé s'adresser en toute circonstance à la plus élégante des mariées.

Il entendit quelques uns de ses voisins approuver singulièrement le bon sens de mademoiselle Virginie, qui faisait, disaient-ils, le mariage le plus solide, et restait fidèle au quartier; tandis qu'ils lancèrent sur Augustine quelques brocards suggérés par l'envie : elle épousait un artiste, un noble. Ils ajoutèrent avec une sorte d'effroi que si les Guillaume avaient de l'ambition la draperie était perdue. Un vieux marchand d'éventails ayant dit que ce mange-tout-là l'aurait bientôt mise sur la paille, le père Guillaume s'applaudit de la prudence des conventions matrimoniales qu'il avait rédigées.

Le soir, la famille se sépara après un bal somptueux, et un de ces soupers plantureux dont la génération présente a tout-à-fait perdu le souvenir.

M. et madame Guillaume restèrent dans leur hôtel de la rue du Colombier, où la noce avait eu lieu. M. et madame Lebas retournèrent dans leur remise à la vieille maison de la rue Saint-Denis, pour diriger la barque du

Chat-qui-pelote. L'artiste, ivre de bonheur, prenant entre ses bras sa chère Augustine, l'enleva vivement quand leur coupé arriva rue des Trois-Frères, et la porta dans le plus élégant appartement de Paris.

La fougue de passion dont Henri était possédé fit dévorer au jeune ménage près d'une année entière sans que le moindre nuage vînt altérer le délicieux azur du ciel sous lequel ils vivaient. Pour eux, l'existence n'eut rien de pesant, et leur mariage fut alors une source féconde de joie et de bonheur. L'âme puissante et pleine de poésie de Henri de Sommervieux répandait sur chaque journée une incroyable *fioriture* de plaisirs, un luxe d'expansion, de regards et de discours enivrans. Il savait varier l'opulence de ses emportemens par la molle langueur de ces momens de repos où les âmes sont lancées si haut dans l'extase qu'elles semblent y méconnaître toute union corporelle.

La timide et heureuse Augustine vivait dans les cieux. Incapable de réfléchir, elle ne croyait pas faire encore assez en se livrant tout entière à l'amour permis et saint du mariage.

Elle ne connaissait, simple et naïve, ni la coquetterie des refus, ni l'empire qu'une jeune demoiselle du grand monde se crée sur un mari par d'adroits caprices. Elle aimait trop pour calculer l'avenir. Elle n'imaginait pas qu'une vie aussi délicieuse pût cesser. Elle faisait alors tous les plaisirs de son mari, elle crut que cet inextinguible amour serait toujours pour elle la plus belle de toutes les parures, comme son dévouement et son obéissance seraient un éternel attrait. Enfin, la félicité de l'amour l'avait rendue si brillante, que sa beauté lui inspira de l'orgueil et lui donna la conscience de pouvoir toujours régner sur un homme aussi facile à enflammer que l'était Henri de Sommervieux.

Ainsi son état de femme ne lui apporta d'autres enseignemens que ceux de l'amour. Au sein de ce bonheur, elle resta la petite fille ignorante qui vivait obscurément rue Saint-Denis. Elle ne pensa point à prendre les manières, l'instruction, le ton du monde dans lequel elle devait vivre. Ses paroles étant des paroles d'amour, elle déployait bien une sorte de souplesse d'esprit et une certaine délicatesse d'expression, mais c'était le langage employé par toutes les femmes quand elles se trouvent plongées dans une passion qui semble être leur élément.

Si, par hasard, une idée discordante avec celles de Henri était exprimée par Augustine, le jeune artiste en riait, comme on rit des premières fautes de langue que fait un étranger, mais qui finissent par fatiguer, s'il ne se corrige pas.

Cependant, à l'expiration de cette année, dont le charme ne pouvait se comparer qu'à la rapidité avec laquelle elle s'écoula, Henri sentit un matin la nécessité de reprendre ses travaux et ses habitudes. Sa femme était enceinte. Il revit ses amis. Pendant les longues souffrances de l'année où, pour la première fois, une jeune femme nourrit et élève un enfant, il travailla sans doute avec ardeur, mais aussi parfois il retourna chercher quelques distractions dans le grand monde. La maison où il allait le plus volontiers était celle de la duchesse de Carigliano, qui avait fini par attirer chez elle le célèbre artiste. Quand Augustine fut rétablie et que son fils ne réclama plus ces soins assidus qui interdisent à une mère les plaisirs du monde, Henri en était arrivé à vouloir éprouver cette jouissance d'amour-propre que nous donne la société, quand nous y apparaissons avec une belle femme, objet d'envie et d'admiration, et que nous la possédons.

Parcourir les salons, en s'y montrant avec l'éclat emprunté de la gloire de son mari; se voir jalousée par toutes les femmes, fut pour Augustine une nouvelle moisson de plaisirs; mais aussi ce fut le dernier reflet que devait jeter pour elle le bonheur conjugal. En effet, elle commença par offenser la vanité de son mari, quand, malgré de vains efforts, elle laissa percer son ignorance, l'impropriété de son langage et l'étroitesse de ses idées.

Le caractère de Henri de Sommervieux, dompté pendant près de deux ans et demi par les premiers emportemens de l'amour, reprit avec la tranquillité d'une possession moins jeune, sa pente et ses habitudes un moment détournées de leur cours. La poésie, la peinture, et les exquises jouissances de l'imagination possèdent sur les esprits élevés des droits imprescriptibles. Ces besoins d'une âme forte n'avaient pas été trompés chez Henri pendant ces deux années; seulement ils avaient trouvé une pâture nouvelle. Mais, quand les champs de l'amour furent parcourus; quand le poète eut, comme les enfans, cueilli des roses et des bluets avec une telle avidité qu'il ne s'apercevait pas que ses mains ne pouvaient plus les tenir, la scène changea. Si le peintre montrait à sa femme les croquis de ses compositions les plus belles, il l'entendait s'écrier comme son père :

— C'est bien joli!...

L'admiration sans chaleur qu'elle témoignait à son mari ne provenait pas d'un sentiment consciencieux, c'était l'admiration sur parole de l'amour. Elle préférait un regard au plus beau tableau, et le seul sublime qu'elle connût était celui du cœur. Enfin, Henri ne put se refuser à l'évidence d'une vérité cruelle : Augustine n'était pas sensible à la poésie; elle n'habitait pas sa sphère; elle ne le suivait pas dans tous ses caprices, dans ses improvisations, dans ses joies, dans ses douleurs. Elle marchait terre à terre dans le monde réel. Les esprits ordinaires ne peuvent pas apprécier les souffrances renaissantes de l'être, qui, uni à un autre par le sentiment le plus intime de tous, est obligé de refouler sans cesse les plus chères expansions de sa pensée, et de faire rentrer dans le néant les images qu'une puissance magique le force à créer. Pour lui, c'est un supplice d'autant plus vif que le sentiment, qu'il porte à son compagnon ordonne, par sa première loi, de vivre de cœur à cœur, de ne jamais rien se dérober l'un à l'autre, et de confondre avant tout les âmes et la pensée. Or, on ne trompe pas impunément les volontés de la nature : elle est inexorable comme la nécessité.

Henri se réfugia dans le calme et le silence de son atelier, espérant que l'habitude de vivre avec des artistes pourrait former sa femme, et développer en elle les germes engourdis que quelques esprits supérieurs croient préexistans dans toutes les intelligences, Mais Augustine était trop sincèrement réligieuse pour ne pas être effrayée du ton des artistes. Elle entendit, au premier dîner que donna son mari, un jeune peintre dire avec cette enfantine légèreté qu'elle ne sut pas reconnaître, et qui absout une plaisanterie de toute irréligion :

— Mais, madame, votre paradis n'est pas plus beau que la Transfiguration de Raphaël : eh bien !... je me suis lassé de la regarder.

Augustine apporta donc dans cette société brillante un esprit de défiance qui n'échappait à personne. Elle gêna. Les artistes gênés sont impitoyables : ils fuient ou se moquent. Madame Guillaume avait, entre autres ridicules, celui d'outrer la dignité qui lui semblait l'apanage d'une femme mariée, et Augustine ne put se défendre d'une légère imitation de la pruderie maternelle. Cette exagération de pudeur, que n'évitent pas toujours les femmes vertueuses, suggéra quelques épigrammes à coups de crayon, dont l'innocent badinage était de trop bon goût pour que M. de Sommervieux pût s'en fâcher : elles eussent été même plus cruelles, que ce n'était, après tout, que des représailles exercées sur lui par ses amis. Mais rien n'était léger pour une âme qui recevait aussi facilement que celle de Henri des impressions étrangères. Aussi éprouva-t-il insensiblement une froideur qui ne pouvait aller qu'en croissant. Pour arriver au bonheur conjugal il faut gravir une montagne dont l'étroit plateau est bien près d'un revers aussi rapide que glissant : l'amour du peintre la déclinait.

Henri, jugeant sa femme incapable d'apprécier les considérations morales qui justifiaient, à ses propres yeux, la singularité de ses manières envers elle, se croyait fort innocent; de même qu'Augustine, n'ayant rien à se reprocher, se renferma dans une douleur morne et silencieuse.

Ces sentimens secrets mirent entre les deux époux un voile qui devait s'épaissir de jour en jour. Sans que son mari manquât d'égards envers elle, Augustine ne pouvait s'empêcher de trembler en le voyant réserver pour le monde tous les trésors d'esprit et de grâce qu'il venait jadis mettre à ses pieds. Elle interpréta à sa manière les discours spirituels qui se tiennent dans le monde sur l'inconstance des hommes. Elle ne se plaignait pas; mais son attitude équivalait à des reproches. Bientôt cette femme jeune et jolie qui passait si brillante dans son brillant équipage, qui vivait dans une sphère de gloire et de richesse enviée de tant de gens insoucians et incapables d'apprécier justement les situations de la vie, fut en proie à des violens chagrins. Ses couleurs pâlirent. Elle réfléchit, elle compara, et le malheur lui déroula les premiers textes de l'expérience. Elle résolut de rester courageusement dans le cercle de ses devoirs, espérant que cette conduite généreuse lui recouvrerait tôt ou tard l'amour de son mari; mais il n'en fut pas ainsi.

Quand M. de Sommervieux, fatigué de travail, sortait de son atelier, Augustine ne cachait pas si vite son ouvrage, que le peintre ne pût s'apercevoir que sa femme raccommodait avec toute la minutie d'une bonne ménagère, le linge de la maison et le sien. Elle fournissait, avec générosité et sans murmure, l'argent nécessaire aux prodigalités de son mari; mais, dans le désir de conserver la fortune de son cher Henri, elle se montrait économe soit pour elle, soit dans certains détails de l'administration domestique, toutes idées incompatibles avec le laisser-aller des artistes, qui, sur la fin de leur carrière, ont tant joui de la vie, qu'ils ne se demandent jamais la raison de leur ruine.

Mais il est inutile de marquer chacune des dégradations de couleur par lesquelles la teinte brillante de leur lune de miel atteignit à une profonde obscurité. Un soir, la jeune, belle et triste Augustine, qui depuis long-temps entendait son mari parler avec enthousiasme de madame la duchesse de Carigliano, reçut d'une amie quelques avis charitables sur la nature de l'attachement de son mari pour cette célèbre coquette qui donnait le ton à la cour et aux modes.

A vingt-un ans, dans tout l'éclat de la jeunesse, de la beauté, Augustine se vit trahie pour une femme de trente-deux ans. En se sentant malheureuse au milieu du monde et de ses fêtes désertes pour elle, la pauvre petite ne comprit plus rien à l'admiration qu'elle y excitait et à l'envie qu'elle inspirait. Sa figure prit une nouvelle expression. La mélancolie versa dans ses traits la douceur de la résignation et la pâleur d'un amour dédaigné. Elle ne tarda pas à être courtisée par les hommes les plus séduisans; mais elle resta solitaire et vertueuse.

Quelques paroles de dédain, échappées à

son mari, lui donnèrent un incroyable désespoir. Une lueur fatale lui fit entrevoir les défauts de contact qui, par suite des mesquineries de son éducation, empêchaient l'union complète de son âme avec celle de Henri. Elle eut assez d'amour pour l'absoudre et pour se condamner. Elle pleura des larmes de sang, et reconnut trop tard qu'il est des mésalliances d'esprit, comme des mésalliances de mœurs et de rangs. En songeant aux délices printanières de son union, elle comprit toute l'étendue du bonheur passé, et convint en elle-même qu'une si riche moisson d'amour était une vie tout entière qui ne pouvait se payer que par du malheur. Cependant elle aimait trop sincèrement pour perdre toute espérance : aussi osat-elle entreprendre à vingt-un ans de s'instruire et de rendre son imagination au moins digne de celle qu'elle admirait.

— Si je ne suis pas poète, se disait-elle, au moins je comprendrai la poésie.

Et déployant alors cette force de volonté, cette énergie que les femmes possèdent toutes quand elles aiment, madame de Sommervieux tenta de changer son caractère, ses mœurs et ses habitudes. Mais en dévorant des volumes, en apprenant avec courage, elle ne réussit qu'à devenir moins ignorante. La légèreté de l'esprit et les grâces de la conversation sont un don de nature ou le fruit d'une éducation commencée au berceau. Elle pouvait apprécier la musique, en jouir, mais non chanter avec goût. Elle comprit la littérature et les beautés de la poésie; mais il était trop tard pour en orner sa rebelle mémoire. Elle entendait avec plaisir les entretiens du monde, mais elle n'y fournissait rien de brillant. Ses idées religieuses et ses préjugés d'enfance se montrèrent à chaque pas, et s'opposèrent à l'exaltation de ses idées. Enfin, il s'était glissé contre elle, dans l'âme de Henri, une prévention qu'elle ne put vaincre. L'artiste se moquait de ceux qui lui vantaient sa femme, et ses plaisanteries étaient assez fondées. Il imposait tellement à cette jeune et touchante créature, qu'en sa présence et en tête à tête elle tremblait. Embarrassée par son trop grand désir de plaire, elle sentait son esprit et ses connaissances s'évanouir dans un seul sentiment.

La fidélité d'Augustine déplut même à ce mari infidèle, qui semblait l'engager à commettre des fautes en l'accusant d'insensibilité. Augustine s'efforça en vain d'abdiquer sa raison, de se plier aux caprices, aux fantaisies de son mari, et de se vouer à l'égoïsme de sa vanité, elle ne recueillit point le fruit de ces sacrifices. Peut-être avaient-ils tous deux laissé passer le moment où les âmes peuvent se comprendre. Un jour le cœur trop sensible de la jeune épouse reçut un de ces coups qui font si fortement plier les liens du sentiment, qu'on peut les croire rompus. Elle s'isola. Mais bientôt une fatale pensée lui suggéra d'aller chercher des consolations et des conseils au sein de sa famille.

Un matin donc, elle se dirigea vers la grotesque façade de l'humble et silencieuse maison où s'était écoulée son enfance. Elle soupira en revoyant cette croisée d'où, un jour, elle avait envoyé un premier baiser à celui qui répandait aujourd'hui sur sa vie autant de gloire que de malheur. Rien n'était changé dans l'antre où se rajeunissait cependant l'esprit du commerce de la draperie. La sœur d'Augustine occupait au comptoir antique la place de sa mère. La jeune affligée rencontra son beau-frère, la plume derrière l'oreille. Elle en fut à peine écoutée, tant il avait l'air affairé, attendu que les redoutables signaux d'un inventaire général se faisaient autour de lui : aussi la quitta-t-il en la priant d'excuser.

Elle fut reçue assez froidement par sa sœur, qui lui manifesta un peu de rancune. En effet, ce n'était guère qu'en passant qu'Augustine, brillante et descendant d'un joli équipage, était venue voir sa sœur. La femme du prudent Lebas s'imaginait déjà que l'argent était la cause première de cette visite matinale, et elle essaya de se maintenir sur un ton de réserve qui plus d'une fois fit sourire Augustine. Cette dernière vit que, sauf les barbes au bonnet, sa mère avait trouvé dans Virginie un successeur qui conserverait l'antique honneur du Chat-qui-pelote.

Au déjeûner, Augustine s'aperçut de certains changemens dans le régime de la maison, lesquels faisaient honneur au bon sens de Joseph Lebas. Les commis ne se levèrent pas au dessert, et on leur laissait la faculté de parler.

L'abondance de la table annonçait une aisance sans luxe. La jeune élégante aperçut les coupons d'une loge aux Français et à l'Opéra-Comique, où elle se souvint d'avoir vu sa sœur de loin en loin. Madame Lebas avait sur les épaules un cachemire dont la magnificence attestait la générosité avec laquelle son mari s'occupait d'elle. Enfin, les deux époux marchaient avec leur siècle. Augustine fut bientôt pénétrée d'attendrissement, en se trouvant témoin, pendant les deux tiers de cette journée, du bonheur égal, sans exaltation il est vrai, mais aussi sans orages, de ce couple convenablement assorti. Ils avaient accepté la vie comme une entreprise commerciale où il s'agit de faire, avant tout, honneur à ses affaires. La femme, n'ayant pas rencontré dans son mari un amour excessif, s'était appliquée à le faire naître; et quand Joseph Lebas se trouva insensiblement amené à estimer, à chérir sa femme, le temps que le bonheur mit à éclore fut, pour eux, un gage de sa durée. Aussi, lorsque la plaintive Augustine, racontant ses douleurs, exposa la situation dans laquelle elle se trouvait, elle eut à essuyer le déluge de lieux communs que la morale de la rue Saint-Denis fournissait à sa sœur.

— Le mal est fait, ma femme, dit Joseph Lebas, et il faut chercher à donner de bons conseils à notre sœur.

A ces mots, l'habile négociant analysa un peu lourdement toutes les ressources de la situation ; numérota, pour ainsi dire, toutes les considérations ; les rangea par leur force dans des espèces de catégories, comme s'il se fût agi de marchandises de diverses qualités; puis il les mit en balance, les pesa, et conclut en développant la nécessité où était sa belle-sœur de prendre un parti qui ne satisfit point l'amoureuse Augustine.

Le sentiment profond qu'elle portait à son mari se réveilla quand elle entendit Joseph Lebas parler d'un moyen violent. Elle remercia ses deux amis, et revint chez elle encore plus indécise qu'elle ne l'était avant de les avoir consultés.

Alors elle hasarda de se rendre à l'antique hôtel de la rue du Colombier, dans le dessein de confier ses malheurs à son père et à sa mère. La pauvre petite femme ressemblait à ces malades qui, arrivés à un état désespéré, essayent de toutes les recettes et se confient même aux remèdes de bonne femme. Les deux vieillards la reçurent avec une effusion de sentiment dont elle fut attendrie. Il est vrai de dire aussi que cette visite apportait une distraction; et, pour eux, une distraction était un trésor. En effet, depuis quatre ans, ils marchaient dans la vie comme des navigateurs sans but et sans boussole. Assis au coin de leur feu, ils se racontaient l'un à l'autre tous les désastres du Maximum; leurs anciennes acquisitions de draps; la manière dont ils avaient évité des banqueroutes, et surtout cette célèbre faillite Lecoq, qui était la bataille de Marengo de M. Guillaume. Puis, quand ils avaient épuisé les vieux procès, ils récapitulaient les antiques additions de leurs inventaires les plus productifs, et se narraient encore les vieilles histoires du quartier Saint-Denis.

A deux heures, M. Guillaume allait, à pied, donner un coup-d'œil à l'établissement du Chat-qui-pelote. En revenant il s'arrêtait à toutes les boutiques, autrefois ses rivales, dont les jeunes propriétaires espéraient, toujours en vain, entraîner le vieux négociant dans quelque escompte aventureux, que, selon sa coutume, il ne refusait jamais positivement.

Deux bons chevaux normands mouraient de gras fondu dans l'écurie de l'hôtel; car madame Guillaume ne s'en servait guère que pour aller tous les dimanches à la grand'messe de sa paroisse. Trois fois par semaine ce respectable couple tenait table ouverte, attendu que, grâces à l'influence de son gendre, le père Guillaume ayant été nommé membre du comité consultatif pour l'habillement des troupes, madame Guillaume avait pris la résolution de vivre bourgeoisement et de représenter. Les appartemens étaient encombrés de tant d'ornemens d'or et d'argent, et de meubles sans goût mais de valeur certaine, que la moindre chambre y ressemblait à une chapelle. L'économie et la prodigalité semblaient se disputer dans chacun des accessoires de cet hôtel; et l'on eût dit que M. Guillaume avait eu en vue de faire un placement d'argent même dans l'acquisition d'un flambeau.

Au milieu de ce bazar, dont la richesse accusait le désœuvrement des deux époux, le célèbre tableau de M. de Sommervieux avait obtenu la place d'honneur. Il faisait la consolation de M. et de madame Guillaume, qui tournaient vingt fois par jour leurs yeux enharnachés de besicles, vers cette image de leur ancienne existence, pour eux, si active et si amusante.

L'aspect de cet hôtel et de cet appartement où tout avait une senteur de vieillesse et de médiocrité, le spectacle donné par ces deux êtres, qui semblaient échoués sur un rocher d'or, bien loin du monde et des idées qui font vivre, surprirent Augustine. Elle contemplait en ce moment la seconde partie du tableau dont elle avait vu le commencement chez Joseph Lebas : celui d'une vie agitée quoique sans mouvement, espèce d'existence mécanique et instinctive semblable à celle des castors. Elle eut alors je ne sais quel orgueil de ses chagrins, en pensant qu'ils prenaient leur source dans un bonheur de dix-huit mois qui valait à ses yeux mille existences comme celle dont elle comprenait actuellement tout le vide.

Cependant elle cacha ce sentiment peu charitable pour ses vieux parens, et, déployant les grâces nouvelles de son esprit, les coquetteries de tendresse que l'amour lui avait révélées, elle les disposa favorablement à écouter ses doléances matrimoniales. Les vieilles gens ont un faible pour ces sortes de confidences, et madame Guillaume, surtout, voulut être instruite des plus légers détails de cette vie étrange qui, pour elle, avait quelque chose de fabuleux. Les voyages du baron de La Hontan, qu'elle commençait toujours sans jamais les achever, ne lui apprirent rien de plus inouï sur les sauvages de Canada.

— Comment, mon enfant, ton mari s'enferme avec des femmes toutes nues, et tu as la simplicité de croire que c'est pour les dessiner?...

A cette exclamation, la grand'mère, posant ses lunettes sur une petite travailleuse, secoua ses jupons et plaça ses mains jointes sur ses genoux élevés par une chaufferette, son piédestal favori.

— Mais, ma mère, tous les peintres sont obligés d'avoir des modèles.

— Il s'est bien gardé de nous dire tout cela

quand il t'a demandée en mariage !... Si je l'avais su, je n'aurais pas donné ma fille à un homme qui fait un pareil métier... La religion défend cela : ça n'est pas moral. Et à quelle heure nous disais-tu donc qu'il rentre chez lui?

— Mais, à une heure, deux heures...

Là, les deux époux se regardèrent avec un profond étonnement.

— Il joue donc? dit M. Guillaume ; car il n'y avait que les joueurs qui, de mon temps, rentrassent si tard.

Augustine fit une petite moue qui repoussait cette accusation.

— Il doit te faire passer de cruelles nuits à l'attendre, reprit madame Guillaume ; mais non, tu te couches, n'est-ce pas, et quand il a perdu, il te réveille?

— Non, ma mère, il est au contraire quelquefois très gai. Assez souvent même quand il fait beau, il me propose de me lever, pour aller dans les bois...

— Dans les bois?... à ces heures-là? Tu as donc un bien petit appartement qu'il n'a pas assez de sa chambre, de ses salons, et qu'il lui faille ainsi courir pour... mais c'est pour t'enrhumer, le scélérat, qu'il te propose ces parties-là !... Il veut se débarrasser de toi... A-t-on jamais vu un homme établi, et qui a un commerce tranquille, galoper comme un loup-garou?...

— Mais, ma mère, vous ne comprenez donc pas que, pour développer son talent, il a besoin d'exaltation. Il aime même beaucoup ces sortes de scènes qui...

— Ah! je lui en ferais de belles, des scènes, moi!... s'écria madame Guillaume. Comment peux-tu garder des ménagemens avec un homme pareil? D'abord je n'aime pas qu'il ne boive que de l'eau, et qu'il ait tant de répugnance à voir les femmes manger. Quel singulier genre! Mais c'est un fou. Tout ce que tu nous en as dit n'est pas possible. Un homme ne peut pas partir de sa maison sans souffler mot et ne revenir que dix jours après. Il te dit qu'il a été à Dieppe pour peindre la mer... Est-ce qu'on peint la mer?... Il te fait des contes à dormir debout.

Augustine ouvrit la bouche pour défendre son mari; mais madame Guillaume lui imposa silence par un geste de main auquel elle obéit par un reste d'habitude, et sa mère s'écria d'un ton sec :

— Tiens, ne me parle pas de cet homme-là! il n'a jamais mis le pied dans une église que pour te voir et t'épouser : or, les gens sans religion sont capables de tout. Est-ce que M. Guillaume s'est jamais avisé de me cacher quelque chose... de rester des trois jours sans me dire ouf, et ensuite de babiller comme une pie borgne ainsi que le fait ton mari ?

— Ma chère mère, vous jugez trop sévèrement les gens supérieurs : s'ils avaient des idées semblables à celles des autres, ce ne seraient plus des gens de talent.

— Eh bien, que les gens de talent restent chez eux et ne se marient pas! Comment! un homme à talent rendra sa femme malheureuse! et parce qu'il a du talent, ce sera bien? Talent, talent!... Il n'y a pas tant de talent à dire comme lui blanc et noir à toute minute; à couper la parole aux gens; à battre du tambour chez soi; à ne jamais vous laisser savoir sur quel pied danser; à forcer une femme d'attendre pour s'amuser que les idées de monsieur soient gaies et à vouloir qu'elle soit triste, si l'on est triste...

— Mais, ma mère, le propre de ces imaginations-là, c'est d'être...

— Qu'est-ce que c'est que ces imaginations-là?... reprit madame Guillaume en interrompant sa fille. Il en a de belles, ma foi! Qu'est-ce qu'un homme auquel il prend tout-à-coup, sans consulter de médecin, la fantaisie de ne manger que des légumes? encore, si c'était par religion, cela lui servirait à quelque chose; mais il n'en a pas plus qu'un huguenot. A-t-on jamais vu un homme aimer, comme lui, les chevaux plus que son prochain; se faire friser les cheveux comme un païen; coucher des statues sous de la mousseline; faire fermer ses fenêtres le jour pour travailler à la lampe?... Tiens, laisse-moi, s'il n'était pas si immoral, ce serait un homme à mettre aux petites-maisons. Consulte M. Charbonneau, le vicaire de Saint-Sulpice, et demande-lui ce qu'il pense de tout cela; il te dira que ton mari ne se conduit pas comme un chrétien...

— Oh! ma mère! pouvez-vous croire cela?...

— Oui, je le crois!... C'est parce que tu l'as

aimé que tu n'aperçois rien de ces choses-là. Mais même dans les premiers temps de son mariage je me souviens de l'avoir rencontré aux Champs-Élysées. Il était à cheval. Eh bien ! il galopait par moment ventre à terre, et puis il s'arrêtait pour aller pas à pas ; je t'assure que je me suis dit alors : Voilà un homme qui n'a pas de jugement.

— Ah ! s'écria M. Guillaume en se frottant les mains, comme j'ai bien fait de t'avoir mariée séparée de biens avec cet original-là.

Mais quand Augustine eut l'imprudence de raconter les griefs véritables qu'elle avait à exposer contre son mari, les deux vieillards restèrent muet d'indignation. Le mot de divorce fut bientôt prononcé par madame Guillaume. A ce mot de divorce, l'inactif négociant fut comme réveillé.

Stimulé par l'amour qu'il avait pour sa fille, et un peu aussi par l'agitation qu'un procès allait donner à sa vie sans occupation et sans évènemens, M. Guillaume prit la parole. Il se mit à la tête de la demande en divorce, la dirigea, plaida presque, et offrit à sa fille de se charger de tous les frais, de voir les juges, les avoués, les avocats, de remuer ciel et terre. Mais madame de Sommervieux, effrayée, refusa les services de son père, et dit qu'elle ne voulait pas se séparer de son mari, dût-elle être dix fois plus malheureuse encore. Augustine ne parla plus de ses chagrins. Après avoir été accablée par ses parens de tous ces petits soins muets et consolateurs par lesquels les deux vieillards essayèrent de la dédommager, mais en vain, de ses peines de cœur, elle se retira convaincue de l'inutilité du danger même qu'il y avait à faire juger les hommes supérieurs par des esprits faibles. Elle apprit qu'une femme devait cacher, même à ses parens, ces malheurs pour lesquels le monde n'a point de sympathies. Les orages et les souffrances des sphères élevées ne peuvent être appréciés que par les nobles esprits qui les habitent; et, en tout, nous ne pouvons être jugés que par nos pairs.

Alors la pauvre Augustine se retrouva dans la froide atmosphère de son ménage, livrée à toute l'horreur de ses méditations. L'étude n'était plus rien pour elle, puisque l'étude ne lui

avait pas rendu le cœur de son mari. Elle pensait avec amertume qu'elle s'était initiée aux secrets de ces âmes de feu, de manière à ne pas avoir comme elles la ressource de créer pour se distraire des chagrins, et qu'ainsi elle participait avec force à leurs peines sans partager leurs plaisirs. Elle s'était dégoûtée du monde, qui lui semblait mesquin et petit devant les évènemens des passions ; enfin sa vie était manquée.

Un soir, elle fut frappée d'une pensée qui vint illuminer la nuit de ses chagrins comme un rayon céleste. Cette idée ne pouvait sourire qu'à un cœur aussi pur et aussi vertueux que le sien. Elle résolut d'aller chez la duchesse de Carigliano, non pas pour lui redemander le cœur de son mari, mais pour s'y instruire des artifices qui le lui avaient enlevé ; mais pour intéresser à la mère des enfans de son ami cette orgueilleuse femme du monde ; mais pour la fléchir et la rendre complice de son bonheur à venir comme elle était l'instrument de son malheur présent.

Un jour donc, la timide Augustine, armée d'un courage surnaturel, monta en voiture, à deux heures après midi, pour essayer d'arriver jusqu'au boudoir de la célèbre coquette, qui n'était jamais visible avant cette heure-là.

Madame de Sommervieux ne connaissait pas encore les antiques et somptueux hôtels du faubourg Saint-Germain. Quand elle parcourut ces vestibules majestueux, ces escaliers grandioses, ces salons immenses ornés de fleurs, malgré les rigueurs de l'hiver, et décorés avec ce goût particulier aux femmes qui sont nées dans l'opulence ou avec les habitudes distinguées de l'aristocratie, Augustine eut un serrement de cœur affreux. Elle envia les secrets de cette élégance dont elle n'avait jamais eu l'idée. Elle respira un air de grandeur qui lui révéla le mystère de l'attrait que cette maison possédait pour son mari. Quand elle parvint aux petits-appartemens de la duchesse, elle éprouva de la jalousie et une sorte de désespoir, en admirant la voluptueuse disposition des meubles, des draperies et des étoffes tendues. Là, le désordre était une grâce ; là, le luxe affectait une espèce de dédain pour la richesse ; et il y avait autant d'hommages rendus aux arts et à la simplicité que de bon goût. Les parfums répandus dans cette douce atmosphère flattaient l'odorat sans l'offenser; l'accord des piéges tendus à l'œil par tous les accessoires de l'appartement, avec ceux d'une vue ménagée par des glaces sans tain sur les pelouses d'un jardin d'arbres verts, enchantait les regards; tout était séduction, et le calcul ne s'y sentait pas. Le génie de la maîtresse de ces appartemens respirait tout entier dans le salon où attendait Augustine. Elle tâcha d'y deviner le caractère de sa rivale par l'aspect des objets épars; mais il y avait là quelque chose d'impénétrable dans la profusion comme dans la symétrie, et pour la simple Augustine ce fut lettres closes. Tout ce qu'elle put y voir, c'est que la duchesse était une femme supérieure en tant que femme. Alors elle eut une pensée douloureuse.

— Hélas! serait-il vrai, se dit-elle, qu'un cœur aimant et simple ne suffit pas à un artiste, et pour balancer le poids de ces âmes fortes, faut-il les unir à des âmes féminines dont la puissance soit égale à la leur? Si j'avais été élevée comme cette sirène, au moins nos armes eussent été égales au moment de la lutte...

— Mais je n'y suis pas!...

Ces mots secs et brefs, quoique prononcés à voix basse dans le boudoir voisin, furent entendus par Augustine, dont le cœur palpita.

— Mais cette dame est là!..... répliqua la femme de chambre.

— Vous êtes folle, répondit la duchesse; faites donc entrer! Sa voix, devenue douce, avait pris l'accent affectueux de la politesse : il était clair qu'elle désirait être entendue.

Augustine s'avança timidement. Elle vit, au fond de ce frais boudoir, la duchesse voluptueusement couchée sur une ottomane. Ce siége, de velours gros-bleu, était placé au centre d'une espèce de demi-cercle dessiné par les plis les plus moelleux et les plus délicats d'une mousseline élégamment jetée. Des ornemens de bronze et d'or, placés avec un goût exquis., relevaient la blancheur de cette espèce de dais sous lequel la duchesse était posée comme une statue antique. La couleur foncée du velours ne lui laissait perdre aucun moyen de séduction. Un demi-jour, ami de sa beauté, semblait être plutôt un reflet qu'une lumière. Quelques fleurs rares élevaient leurs têtes embaumées au-dessus des vases de Sèvres les plus riches.

Au moment où ce tableau s'offrit aux yeux d'Augustine étonnée, elle avait marché si doucement, qu'elle put surprendre un regard de l'enchanteresse. Ce regard semblait dire à une personne que la femme du peintre n'aperçut pas d'abord :

— Restez, vous allez voir une jolie femme, et vous m'égayerez cette ennuyeuse visite.

A l'aspect d'Augustine, la duchesse se leva et la fit asseoir auprès d'elle sur l'ottomane.

— A quoi dois-je le bonheur de cette visite, madame?... dit-elle avec un sourire plein de grâces.

— Que de fausseté!... pensa Augustine, qui ne répondit que par une inclination de tête. Ce silence était commandé ; car la jeune femme voyait devant elle un témoin de trop à cette scène.

Ce personnage était un homme ; et, de tous les colonels de l'armée, c'était le plus jeune, le plus élégant et le mieux fait. Son costume demi-bourgeois faisait ressortir toutes les grâces de sa personne. Sa figure, pleine de vie, de jeunesse, et déjà fort expressive, était encore animée par de petites moustaches relevées en pointe et noires comme du jais, par une impériale bien fournie, par des favoris supérieurement peignés et par une forêt de cheveux noirs assez en désordre. Il badinait avec une cravache, en manifestant une aisance et une liberté qui allaient admirablement à l'air satisfait de sa physionomie ainsi qu'à l'exquise recherche de sa toilette. Les rubans attachés à sa boutonnière étaient noués avec dédain, et il paraissait bien plus vain de sa jolie tournure que de son courage. Augustine regarda la duchesse de Carigliano en lui montrant le colonel par un coup-d'œil dont toutes les prières furent comprises.

— Eh bien! adieu, colonel, nous nous retrouverons au bois de Boulogne.

Ces mots furent prononcés par la sirène comme s'ils étaient le résultat d'une stipulation antérieure à l'arrivée d'Augustine. Elle les accompagna d'un regard menaçant que l'officier méritait peut-être pour l'admiration qu'il témoignait en contemplant la modeste fleur qui contrastait si bien avec l'orgueilleuse duchesse.

Le jeune fat s'inclina en silence, tourna sur

les talons de ses bottes, et s'élança gracieusement hors du boudoir.

En ce moment, Augustine épiant sa rivale qui semblait suivre des yeux le brillant officier, surprit dans ce regard un sentiment dont toutes les femmes connaissent les fugitives expressions. Alors elle songea avec la douleur la plus profonde que sa visite allait être inutile. Elle pensa que cette artificieuse duchesse était trop avide d'hommages, pour ne pas avoir un cœur de bronze.

— Madame, dit Augustine d'une voix entrecoupée, la démarche que je fais en ce moment auprès de vous va vous sembler bien singulière; mais le désespoir a sa folie, et il doit faire tout excuser. Je m'explique trop bien pourquoi M. de Sommervieux préfère votre maison à toute autre, et pourquoi votre esprit exerce tant d'empire sur lui!... Hélas! je n'ai qu'à rentrer en moi-même pour en trouver des raisons plus que suffisantes. Mais j'adore mon mari, madame. Deux ans de larmes n'ont point effacé son image de mon cœur, quoique j'aie perdu le sien. Dans ma folie, j'ai osé concevoir l'idée de lutter avec vous ; et je viens à vous, vous demander par quels moyens je puis triompher de vous-même.

Oh! madame! s'écria la jeune femme en saisissant avec ardeur la main de sa rivale qui la lui laissa prendre, je ne prierai jamais Dieu pour mon propre bonheur avec autant de ferveur que je l'implorerais pour le vôtre, si vous m'aidiez à reconquérir, je ne dirai pas l'amour, mais l'amitié de M. de Sommervieux... Je n'ai plus d'espoir qu'en vous. Ah! dites-moi, comment vous avez pu lui plaire et lui faire oublier les premiers jours de...?

A ces mots, Augustine, suffoquée par des sanglots impérieux, fut obligée de s'arrêter. Tout honteuse de sa faiblesse, elle cacha son joli visage dans un mouchoir qu'elle inonda de ses larmes.

— Êtes-vous donc enfant, ma chère petite belle!... dit la duchesse, qui, séduite par la nouveauté de cette scène, et attendrie malgré elle en recevant l'hommage que lui rendait la plus parfaite vertu qui fût peut-être à Paris, prit le mouchoir de la jeune femme et se mit à lui essuyer elle-même les yeux en la flattant par quelques monosyllabes murmurés avec une gracieuse pitié.

Après un moment de silence, la coquette, mettant les jolies mains de la pauvre Augustine entre les siennes qui avaient un rare caractère de beauté noble et de puissance, lui dit d'une voix douce et affectueuse :

— Pour premier avis, je vous conseillerai, ma chère petite, de ne pas pleurer ainsi, parce que les larmes enlaidissent. Il faut savoir prendre son parti sur les chagrins ; ils rendent malade, et l'amour ne reste pas long-temps sur un lit de douleur. La mélancolie donne bien d'abord une certaine grâce qui plaît ; mais elle finit par alonger les traits et flétrir la plus ravissante de toutes les figures. Ensuite, les tyrans ont l'amour-propre de vouloir que leurs esclaves soient gais.

— Ah ! madame ! il ne dépend pas de moi de ne pas sentir ! Comment peut-on, sans éprouver mille morts, voir terne, décolorée, indifférente, une figure qui jadis rayonnait d'amour et de joie ?... Ah ! je ne sais pas commander à mon cœur.

— Tant pis, ma chère belle ; mais je crois

déjà savoir toute votre histoire. D'abord, imaginez-vous bien, mon ange, que si votre mari vous a été infidèle, je ne suis pas sa complice. Si j'ai tenu à l'avoir dans mon salon, c'est, je l'avouerai, par amour-propre : il était célèbre et n'allait nulle part. Je vous aime déjà trop, mon ange, pour vous dire toutes les folies qu'il a faites pour moi. Je ne vous en révélerai qu'une seule, parce qu'elle nous servira peut-être à vous le ramener et à le punir de l'audace qu'il met dans ses procédés avec moi : il finirait par me compromettre. Je connais assez le monde, ma belle, pour ne pas me mettre à la discrétion d'un homme trop supérieur : sachez qu'il faut se laisser faire la cour par eux, mais les épouser!.. c'est une faute. Nous autres femmes, nous devons admirer les hommes de génie, en jouir comme d'un spectacle, mais vivre avec eux?... jamais!... Fi donc! c'est vouloir prendre plaisir à regarder les machines de l'Opéra, au lieu de rester dans une loge, à y savourer de brillantes illusions. Mais chez vous, ma pauvre enfant, le mal est arrivé, n'est-ce pas?... Eh bien! il faut essayer de vous armer contre la tyrannie.

— Ah! madame, avant d'entrer dans ce petit sanctuaire et en vous y voyant, j'ai déjà reconnu quelques artifices dont je n'avais aucune idée.

— Eh bien, chère petite, venez me voir quelquefois, et vous ne serez pas long-temps sans posséder la science de ces bagatelles, assez importantes au reste, car les choses extérieures sont, pour les sots, la moitié de la vie; et il y a plus d'un homme de talent qui se trouve un sot malgré tout son esprit. Mais je gage que vous n'avez jamais rien su refuser à Henri.

— Le moyen, madame, de refuser quelque chose à celui qu'on aime!

— Oh, chère petite niaise, je vous adorerais!... Mais sachez donc que plus nous aimons et moins nous devons laisser apercevoir à un homme, surtout à un mari, l'étendue de notre passion; car c'est celui qui aime le plus qui est tyrannisé, et qui pis est, délaissé tôt ou tard. Celui qui veut régner, doit...

— Comment! madame, faudra-t-il donc dissimuler, calculer, devenir fausse, se faire un caractère artificiel et..... pour toujours?... Oh, comment peut-on vivre ainsi?.... Est-ce que vous pouvez..?

Elle hésita, et la duchesse sourit.

— Ma chère, reprit la grande dame d'une voix grave, le bonheur conjugal a été de tout temps une spéculation : c'est une affaire qui demande une attention particulière. Si vous continuez à parler passion quand je vous parle mariage, nous ne nous entendrons bientôt plus.

Écoutez-moi, continua-t-elle en prenant le ton d'une confidence. J'ai été à même de voir quelques uns des hommes supérieurs de notre époque. J'ai remarqué que ceux qui s'étaient mariés avaient, à quelques exceptions près, épousé des femmes nulles. Eh bien! ces femmes-là les gouvernaient, comme l'empereur nous gouverne, et en étaient... sinon aimées, du moins respectées. J'aime assez les secrets, surtout ceux qui nous concernent, pour m'être amusée à chercher le mot de cette énigme. Eh bien! mon ange, ces bonnes femmes-là avaient le talent d'analyser le caractère de leurs maris, sans s'épouvanter comme vous de leur supériorité. Elles avaient adroitement remarqué les qualités qui leur manquaient; puis, soit qu'elles possédassent ces qualités-là, ou qu'elles feignissent de les avoir, elles trouvaient moyen d'en faire un si grand étalage aux yeux de leurs maris qu'elles finissaient par leur imposer. Enfin, apprenez encore que ces âmes qui paraissent si grandes ont toutes un petit grain de folie que nous devons savoir exploiter. Puis, en prenant la ferme volonté de les dominer, en ne s'écartant jamais de ce but, en y rapportant toutes nos actions, nos idées, nos coquetteries, nous maîtrisons ces esprits éminemment capricieux qui, par la mobilité même de leurs pensées, nous donnent les moyens de les influencer.

— Oh! ciel! s'écria la jeune femme épouvantée, voilà donc la vie!... C'est un combat....

— Où il faut toujours menacer, reprit la duchesse en riant. Notre pouvoir est tout factice. Aussi ne faut-il jamais se laisser mépriser par un homme; car on ne se relève pas de là. Venez, ajouta-t-elle, je vais vous donner un moyen de mettre votre mari à la chaîne.

Elle se leva, pour guider en souriant la jeune

et innocente apprentie des ruses conjugales à travers le dédale de son petit palais. Elles arrivèrent toutes deux à un escalier dérobé qui communiquait aux appartemens de réception. Quand la duchesse tourna le secret de la porte, elle s'arrêta; et, regardant Augustine avec un air inimitable de finesse et de grâce :

— Tenez, le duc de Carigliano m'adore... Eh bien! il n'ose pas venir par ici sans ma permission ; et cependant, c'est un homme qui a l'habitude de commander à des milliers de soldats!... Il sait affronter des batteries, mais pas celles-ci... dit-elle en mettant deux doigts de sa main droite sous chacun de ses yeux étincelans.

Augustine soupira.

Elles parvinrent à une somptueuse galerie où la femme du peintre fut amenée par la duchesse devant le portrait que Henri avait fait de mademoiselle Guillaume.

A cette vue, Augustine jeta un cri.

— Je savais bien qu'il n'était plus chez moi, dit-elle en revenant à la vie, mais... ici...

— Ma belle, je ne l'ai exigé que pour voir jusqu'à quel degré de bêtise un homme de gé-

8.

nie peut atteindre. Tôt ou tard, il vous aurait été rendu par moi ; mais je ne m'attendais pas au plaisir de voir ici l'original devant la copie. Je veux que, pendant le déjeûner que nous allons faire, car il faut achever notre conversation, mon secrétaire le fasse porter dans votre voiture ; et si, armée de ce talisman, vous n'êtes pas maîtresse de votre mari pendant cent ans !... vous n'êtes pas une femme, et vous mériteriez votre sort.

Augustine baisa la main de la duchesse, qui prit la jeune innocente dans ses bras, la pressa sur son cœur, et l'embrassa avec une tendresse d'autant plus affectueuse et vive qu'elle devait être oubliée le lendemain.

Cette scène aurait peut-être à jamais ruiné la candeur et la pureté d'une femme moins vertueuse qu'Augustine. Les secrets révélés par la duchesse étaient également salutaires et funestes. La politique astucieuse des hautes sphères sociales ne convenait pas plus à Augustine que l'étroite raison de Joseph Lebas, ou que la niaise morale de madame Guillaume. Étrange effet des fausses positions où nous jettent les moindres contre-sens commis dans la vie! Augustine ressemblait alors à un pâtre des Alpes surpris par une avalanche : s'il hésite, et qu'il veuille écouter les cris de ses compagnons, le plus souvent il périt. Dans ces grandes crises, il faut, suivant la belle expression d'un philosophe, *que le cœur se brise ou se bronze.*

Madame de Sommervieux revint chez elle en proie à une agitation qu'il serait difficile de décrire. La conversation qu'elle venait d'avoir avec la duchesse de Carigliano éveillait une foule d'idées contradictoires dans son esprit. Elle était, comme les moutons de la fable, pleine de courage en l'absence du loup. Elle se haranguait elle-même et se traçait d'admirables plans de conduite; elle concevait mille stratagèmes de coquetterie; elle parlait même à son mari, retrouvant, loin de lui, toutes les ressources de cette éloquence vraie qui n'abandonne jamais les femmes; puis, en songeant au regard fixe et clair de Henri, elle tremblait déjà.

Quand elle demanda si M. de Sommervieux était chez lui, la voix lui manqua presque; et, en apprenant qu'il ne reviendrait pas dîner, elle éprouva un mouvement de joie inexplicable. Semblable au criminel qui se pourvoit en cassation contre son arrêt de mort, un délai, si court qu'il pût être, lui semblait une vie entière.

Plaçant le portrait dans sa chambre, elle attendit son mari, livrée à toutes les angoisses de l'espérance et de la crainte. Elle pressentait trop bien que cette tentative allait décider de tout son avenir, pour ne pas frissonner au bruit de chaque voiture, et même au murmure de sa pendule, qui semblait appesantir ses terreurs en les lui mesurant.

Elle tâcha de tromper le temps par mille artifices. Elle eut l'idée de faire une toilette qui la rendît semblable de tout point au portrait. Puis, connaissant le caractère inquiet de M. de Sommervieux, elle fit éclairer son appartement d'une manière inusitée, certaine qu'en rentrant la curiosité l'amènerait chez elle.

Minuit sonna quand, au cri du jockei, la porte de l'hôtel s'ouvrit, et la voiture du peintre roula sur le pavé de la cour silencieuse.

— Qu'est-ce que signifie cette illumination?... demanda Henri d'une voix joyeuse, en entrant dans la chambre de sa femme.

Saisissant avec adresse un moment aussi favorable, Augustine s'élança au cou de son mari, et lui montra le portrait.

L'artiste resta immobile comme un rocher. Ses yeux se dirigèrent alternativement sur Augustine et sur la toile accusatrice. La timide épouse, demi-morte, épiait le front changeant, le front terrible de son mari ; et, par degrés, elle en vit les rides expressives s'amonceler comme des nuages. Elle crut sentir son sang se figer dans ses veines, quand, par un regard flamboyant et d'une voix profondément sourde, elle fut interrogée.

— Où avez-vous trouvé ce tableau ?...

— La duchesse de Carigliano me l'a rendu...

— Vous le lui avez demandé ?...

— Je ne savais pas qu'il fût chez elle...

La douceur ou plutôt la mélodie enchanteresse de la voix de cet ange eût attendri des Cannibales, mais non pas un Parisien en proie aux tortures de la vanité blessée.

— Cela est digne d'elle !... s'écria l'artiste d'une voix tonnante. Je me vengerai !... dit-il en se promenant à grands pas ; elle en mourra de honte ; je la peindrai ! Oui, je ferai Messaline sortant du palais de Claude, à la nuit, déguisée !...

— Henri !... dit une voix mourante.

— Je la tuerai...

— Henri !...

— Elle aime ce petit colonel de cavalerie, parce qu'il monte bien à cheval...

— Henri !...

— Eh ! laissez-moi ! dit le peintre à sa femme avec un son de voix qui ressemblait presque à un rugissement.

Il serait odieux de peindre toute cette scène à la fin de laquelle l'ivresse de la colère suggéra à M. de Sommervieux des paroles et des actes qu'une femme, moins jeune qu'Augustine, aurait attribués à la démence. . . . .
. . . .
. . . .

Sur les huit heures du matin, le lendemain,

madame Guillaume surprit sa fille pâle, les yeux rouges, la coiffure en désordre, tenant à la main un mouchoir trempé de pleurs, contemplant sur le parquet les fragmens épars d'une toile déchirée, et les morceaux d'un grand cadre doré mis en pièce.

Augustine, que la douleur rendait presque insensible, montra ces débris par un geste empreint de désespoir.

— Et voilà peut-être une grande perte!... s'écria la vieille régente du Chat-qui-pelote. Il était ressemblant, c'est vrai; mais j'ai appris qu'il y a sur le boulevard un homme qui fait des portraits charmans pour cinquante écus!...

— Ah! ma mère!...

— Pauvre petite! tu as bien raison, répondit madame Guillaume, abusée par le regard de sa fille. Va, mon enfant, l'on n'est jamais si tendrement aimé que par sa mère... Viens, ma mignonne! Je devine tout; mais viens me dire tes chagrins... Je te consolerai. Ne t'ai-je pas déjà dit que cet homme-là était un fou?... Ta femme de chambre m'a déjà conté de belles choses... Mais c'est donc un monstre!...

Augustine mit un doigt sur ses lèvres pâlies,

comme pour implorer de sa mère un moment de silence.

Pendant cette terrible nuit, le malheur lui avait fait trouver dans son âme ce trésor de patience et de résignation qui, chez les mères et les femmes aimantes, paraît mille fois plus riche que l'énergie humaine, et qui, peut-être, annonce que Dieu a mis dans le cœur de ces ravissantes créatures des cordes dont il a privé celui de l'homme.

Une inscription gravée sur un marbre tumulaire du cimetière Montmartre indiquait que madame de Sommervieux était morte à vingt-sept ans; et un poète, ami de cette céleste créature, voyait, dans les simples lignes de cette épitaphe, la dernière scène d'un drame.

Chaque année, au jour solennel du 2 novembre, il ne passait jamais devant ce jeune cippe sans se demander s'il ne fallait pas des femmes plus fortes qu'Augustine pour les puissantes étreintes du génie.

— Les fleurs humbles et modestes, écloses dans les vallées, meurent peut-être, se disait-il, quand elles sont transplantées trop près des cieux, aux régions où se forment les orages, où le soleil est brûlant.

SCENE V.

LA FEMME VERTUEUSE.

LA FEMME VERTUEUSE.

La rue du Tourniquet-Saint-Jean était encore, il y a cinq à six ans, une des rues les plus tortueuses et les plus obscures du vieux quartier qui entoure l'Hôtel-de-Ville, à Paris. Elle serpentait le long des petits jardins de la préfecture et venait aboutir dans la rue du Martroi, précisément à l'angle d'un vieux mur maintenant abattu. C'était là qu'était situé le tourniquet auquel cette rue a dû son nom. Il ne fut guère détruit qu'en 1823, lorsque la ville de Paris fit construire, sur l'emplacement d'un jardin situé en cet endroit, une salle de bal pour la fête donnée au duc d'Angoulême à son retour d'Espagne.

Quant à l'entrée de la rue du Tourniquet par la rue de la Tixeranderie, elle n'offrait pas cinq pieds de largeur, et c'était cependant la partie la moins étroite de la chaussée. En temps de pluie, les eaux, débouchant de ce côté pour se jeter dans le ruisseau de la Tixeranderie, ne laissaient pas aux fantassins les plus affairés un seul pavé sur lequel ils pussent poser le pied. Des flots, aussi noirs que ceux du Cocyte, battaient aussitôt le pied des vieilles maisons qui bordaient cette voie boueuse, en entraînant les débris déposés par chaque ménage au coin des petites portes basses. Comme il n'était permis à aucun tombereau de passer par-là, les habitans se reposaient de la salubrité de leur rue sur les orages et sur la bonté du ciel.

Lorsqu'un brillant soleil d'été dardait en plein midi ses rayons sur Paris, une nappe d'or, aussi tranchante que la lame d'un sabre, venait, pendant une heure tout au plus, illuminer les ténèbres de cette rue, mais sans pouvoir sécher l'humidité permanente qui régnait dans les rez-de-chaussée et aux premiers étages de ces maisons noires et silencieuses. Souvent, au mois de juin, les habitans de ces espèces de tombeaux n'allumaient leurs lampes qu'à cinq heures du soir ; mais, en hiver, ils ne les éteignaient jamais.

Aujourd'hui même, si un courageux piéton formait le dessein de se rendre du Marais sur les quais, en prenant, au bout de la rue du Chaume, l'obscur chemin, tracé par les rues de l'Homme-Armé, des Billettes, et des Deux-Portes, et qui mène au Tourniquet-Saint-Jean par des voies encore plus étroites que celle dont nous avons donné l'idée, il lui semblerait ne marcher que sous des caves. Cependant presque toutes les rues de l'ancien Paris, dont les historiens ont tant vanté la splendeur, ressemblaient à ce dédale humide et sombre où les antiquaires peuvent encore admirer quelques singularités ; et nos ancêtres y vivaient gras et bien portans, au dire de nos bisaïeules.

Avant la démolition de la maison qui occupait le coin droit formé par les rues du

Tourniquet et de la Tixeranderie, les observateurs y remarquaient les vestiges de deux gros anneaux de fer scellés dans le mur, dernier reste de ces chaînes que le quartenier faisait jadis tendre, tous les soirs, pour la sûreté publique.

Cette obscure maison, l'une des plus remarquables du quartier par son antiquité, avait été bâtie avec des précautions qui prouvaient toute l'insalubrité de ces anciennes demeures auxquelles les passans donnaient le nom de cloaques. L'architecte en avait élevé les berceaux des caves à deux pieds environ au-dessus du sol, afin de permettre à l'air, tout humide qu'il était, d'assainir le rez-de-chaussée en ventilant un peu les planchers. Cet exhaussement des fondations obligeait à monter trois marches pour entrer dans la maison. Elle avait une petite porte bâtarde, dont le chambranle décrivait, dans sa partie supérieure, un cintre plein; et la pierre saillante qui en formait la clef était sculptée; mais le temps avait rongé, de ses dents infatigables, la tête de femme et les arabesques qui ornaient ce linteau.

Trois fenêtres, dont l'appui se trouvait à hauteur d'homme, semblaient appartenir à un petit appartement complet, situé dans la partie du rez-de-chaussée de cette maison qui avait vue sur la rue du Tourniquet. Ces croisées, aussi dégradées que la porte antique, étaient défendues par de gros barreaux de fer très espacés, et qui s'élargissaient en bas par une saillie ronde. Le bois de ces fenêtres garnies de petits carreaux d'un verre brun, mais propre, semblait vermoulu. Quelque passant curieux essayait-il d'interroger de l'œil les mystères que cachaient les deux chambres dont cet appartement se composait, il lui était impossible de voir un seul des meubles placés loin des croisées; et il fallait pour pouvoir découvrir, dans la seconde chambre, deux lits en serge verte réunis sous la boiserie d'une vieille alcôve, qu'un rayon de soleil bien vif illuminât la rue

Mais le soir, sur les cinq heures, quand la chandelle était allumée, l'observateur apercevait, à travers la fenêtre de la première pièce, une vieille femme, assise sur une escabelle au coin d'une cheminée en pierre, attiser le feu d'un réchaud sur lequel reposait l'espoir d'un repas frugal. Alors il n'était pas diffice d'inventorier de l'œil les rares ustensiles de cuisine et de ménage accrochés au fond de cette salle. A cette heure, une vieille table, posée sur un X, et dénuée de linge, attendait qu'on la chargeât de quelques couverts d'étain et de l'unique plat surveillé par la vieille.

Trois méchantes chaises au plus meublaient cette espèce d'antichambre qui servait à la fois de cuisine et de salle à manger. Au-dessus de la tablette de la cheminée s'élevait un fragment de miroir, un briquet, trois verres, des allumettes et un grand pot blanc tout ébréché. On croyait voir le temple de la misère. Le carreau de la salle, les ustensiles, la cheminée, tout plaisait néanmoins par la propreté qui y régnait; et cet asile sombre et froid respirait un esprit d'ordre et d'économie.

Le visage pâle et ridé de la vieille femme était même en harmonie avec l'obscurité de la rue et la rouille de la maison: à la voir au repos, sur sa chaise, on eût dit qu'elle faisait partie de l'immeuble au sein duquel elle vivait. Sa figure, où je ne sais quelle vague expression de malice triomphait d'une bonhomie affectée, était couronnée par un bonnet de tulle rond et plat sous lequel elle cachait assez mal des cheveux blancs. Elle était toujours vêtue d'une robe d'étoffe brune. Ses grands yeux gris étaient aussi calmes que la rue, et les rides nombreuses de son visage pouvaient se comparer aux crevasses des murs. Soit qu'elle fût née dans la misère, soit qu'elle fût déchue d'une splendeur passée, elle paraissait résignée depuis long-temps à la simplicité monastique de son existence.

Depuis le lever du soleil jusqu'au soir, sauf les momens où elle préparait les repas et ceux où elle s'absentait chargée d'un panier pour aller chercher les provisions, cette vieille femme se tenait dans l'autre chambre devant la dernière croisée. Là, elle était en face d'une jeune fille qui semblait n'avoir jamais bougé du fauteuil de velours rouge sur lequel on la voyait toujours assise.

A toute heure du jour les passans apercevaient la jeune ouvrière, le cou penché sur un métier à broder et travaillant avec ardeur à de merveilleuses parures. Sa mère, ayant un tambour vert sur les genoux, s'occupait à faire du tulle; mais ses doigts n'étaient plus si agiles qu'autrefois à remuer les bobines, et sa vue paraissait faible; car son nez sexagénaire portait une paire de ces antiques lunettes qui se tiennent d'elles-mêmes sur le bout des narines, par la force avec laquelle elles le compriment.

Quand venait le soir, une lampe était placée entre ces deux laborieuses créatures, et sa lumière, passant à travers deux globes de verre remplis d'une eau pure, jetait sur le métier et sur le tambour une forte lueur blanche qui permettait de voir les fils les plus déliés fournis par les bobines et les dessins les plus délicats tracés sur l'étoffe que brodait l'ouvrière.

La courbure des barreaux avait permis à la jeune fille de placer, sur l'appui de la croisée, une longue caisse en bois pleine de terre, d'où s'élançaient des pois de senteur, des capucines, un petit chèvrefeuille malingre et des volubilis, dont les tiges débiles grimpaient autour des barreaux. Ces plantes presque étiolées donnaient de pâles fleurs. C'était une harmonie de plus qui jetait je ne sais quoi de triste et de doux dans le tableau offert par la croisée dont la baie servait de cadre à ces deux figures.

A l'aspect fortuit de cette scène d'intérieur, le passant le plus égoïste emportait des idées de travail, de modestie, et une image complète des luttes de cette vie terrestre. En effet, il n'était pas difficile de voir, au premier coup-d'œil, que la jeune ouvrière ne vivait que par son aiguille, et que ces deux femmes n'avaient rien à attendre que de leur courage. Ce fragile métier était tout leur revenu. Bien des gens n'atteignaient pas le tourniquet sans s'être demandé comment un tel souterrain pouvait contenir des habitans, et comment une jeune fille pouvait y conserver des couleurs. Un étudiant passait-il par là pour gagner le pays latin, sa jeune et vive imagination lui faisait déplorer cette vie obscure et végétative, semblable à celle du lierre qui tapisse de froides murailles, ou à celle de ces paysans voués au travail, qui naissent, labourent et meurent ignorés du monde qu'ils ont nourri. Un rentier se disait, après avoir examiné la maison avec l'œil d'un propriétaire : — Que deviendront ces deux femmes si la broderie vient à n'être plus de mode? Chaque passant acceptait les sensations que lui donnait ce spectacle, un des milliers dont l'œil du Parisien peut se repaître dans une promenade; mais sur les cinquante personnes qui traversaient journellement et comme des ombres, cette rue ténébreuse, aucune peut-être ne se sentait le cœur ému d'une compassion vraie. Cependant la nature humaine est si bizarre qu'il ne faudrait pas la flétrir sans ménagemens, par un arrêt aussi absolu.

Parmi les gens qu'une place à l'Hôtel-de-Ville ou au Palais forçait à passer par cette rue à des heures fixes, soit pour se rendre à leurs affaires, soit pour retourner dans leurs quartiers respectifs, peut-être se trouvait-il quelque cœur charitable. Peut-être un homme veuf ou un Adonis de quarante ans, à force de sonder les replis de cette vie malheureuse, comptait-il sur la détresse de la mère et de la fille, pour, un jour, posséder, à bon marché, l'innocente ouvrière dont il admirait périodiquement les mains agiles et potelées, le cou frais et la peau éblouissante de blancheur. Ce dernier attrait était dû, sans doute, à l'habitation de cette rue sans soleil.

Mais peut-être aussi quelque honnête employé à douze cents francs d'appointemens, témoin journalier de l'ardeur dont cette jeune fille était possédée pour le travail, admirateur de ses mœurs pures, attendait-il une augmentation de traitement ou une place supérieure avant de lui offrir sa main, pour unir une vie obscure à une vie obscure, un labeur obstiné à un autre, apportant au moins et un bras d'homme pour soutenir cette existence, et un paisible amour, décoloré comme les fleurs de la croisée.

Il semblait que ces vagues espérances animassent les yeux ternes et gris de la vieille mère. En effet, le matin, après le plus modeste de tous les déjeûners, elle revenait prendre son tambour, plutôt par maintien que par obligation, car elle posait ses lunettes sur une petite travailleuse de bois rougi, aussi vieille qu'elle; et alors, elle passait en revue, de huit heures et demie à dix heures environ, tous les gens habitués à traverser la rue. Elle recueillait leurs regards, faisait des observations sur leurs démarches, sur leurs toilettes, sur leurs physionomies. Elle semblait leur marchander sa fille, tant ses yeux babillards essayaient d'établir entre elle et eux de sympathiques affections par un manége digne des coulisses. On devinait facilement que cette revue était pour elle un spectacle, et son seul plaisir peut-être.

Rarement sa fille levait la tête. La pudeur ou peut-être le sentiment pénible de sa détresse semblait retenir sa figure attachée sur le métier productif. Pour qu'elle consentît à montrer aux passans sa petite mine malicieuse et chiffonnée, il fallait que sa mère eût poussé quelque exclamation de surprise. Alors seulement, l'employé qui avait mis une redingote neuve, ou celui qui s'était montré donnant le bras à une femme, pouvaient voir le nez légèrement retroussé de l'ouvrière, sa petite bouche qui ressemblait à un ruban rose froncé sur une robe, et ses yeux gris pétillans de vie, malgré la fatigue dont elle était accablée. Ses laborieuses insomnies ne se trahissaient guère que par le cercle moins blanc, dessiné sous chacun de ses yeux, sur la peau fraîche de ses pommettes animées.

La pauvre chère enfant semblait être née

pour l'amour et la gaieté : pour l'amour, qui avait peint, au-dessus de ses paupières bridées, deux arcs parfaits, et qui lui avait donné une si ample forêt de cheveux châtains qu'elle pouvait, sous sa chevelure, se trouver comme sous un pavillon impénétrable à l'œil d'un amant ; pour la gaieté, qui agitait ses deux narines mobiles, qui formait deux fossettes dans ses joues fraîches et lui faisait si vite oublier ses peines ; enfin, pour la gaieté, qui, semblable à l'espérance, lui donnait la force d'apercevoir sans frémir l'aride chemin de sa vie.

La tête de la jeune fille était toujours merveilleusement bien peignée. Selon l'habitude des ouvrières de Paris, toute sa toilette semblait faite quand elle avait capricieusement disposé sa coiffure et retroussé en deux arcs le petit bouquet de cheveux bruns qui se jouait de chaque côté des tempes, faisant ressortir ainsi par un contraste la blancheur de sa peau. La naissance de sa chevelure avait tant de grâce, la ligne de bistre, dessinée sur son cou, donnait une si charmante idée de sa jeunesse et de ses attraits, que l'observateur, en la voyant penchée sur son ouvrage, sans que le bruit lui fît relever la tête, pouvait l'accuser d'un raffinement de coquetterie. D'aussi séduisantes promesses excitaient la curiosité de plus d'un jeune homme qui se retournait en vain dans l'espérance de voir ce modeste visage.

— Caroline, nous avons un habitué de plus, et aucun de nos anciens ne le vaut !

Ces paroles, prononcées à voix basse par la mère dans une matinée du mois d'août 1815, avaient vaincu l'indifférence de la jeune ouvrière ; mais quand elle regarda dans la rue, l'inconnu était déjà passé.

— Il s'est donc envolé ?... demanda-t-elle.

— Il reviendra sans doute à quatre heures, je le verrai venir, et je t'avertirai en te poussant le pied. Je suis sûre qu'il repassera ; car voilà trois jours qu'il prend par notre rue. Il est inexact dans ses heures. Le premier jour il est arrivé à six heures ; avant-hier à quatre, et hier à trois. Je me souviens de l'avoir vu autrefois de loin en loin. C'est sans doute un employé de la préfecture, qui aura changé d'appartement dans le Marais.

— Tiens, ajouta-t-elle, après avoir jeté un coup-d'œil dans la rue, notre monsieur à l'habit marron a pris perruque.... Comme cela le change !

Puis, comme le monsieur à l'habit marron était celui des habitués qui fermait la procession quotidienne, la vieille mère, remettant ses lunettes, reprit son ouvrage, non sans avoir poussé un soupir et jeté sur sa fille un si singulier regard, qu'il eût été difficile à Lavater lui-même de l'analyser. Il y avait à la fois de l'admiration et de la reconnaissance, mais aussi une sorte d'espérance pour un meilleur avenir, mêlée à l'orgueil de posséder une fille aussi jolie.

Le soir sur les quatre heures, la vieille fut fidèle à pousser le pied de Caroline, qui leva son visage blanc et rose assez à temps, cette fois, pour voir le nouvel acteur dont la présence devait animer cette scène.

L'inconnu paraissait avoir trente-cinq ans environ. C'était un homme grand, mince, pâle et vêtu de noir. Sa démarche avait quelque chose de solennel. Quand son œil fauve et perçant rencontra le regard terni de la vieille, il la fit trembler, car elle crut s'apercevoir que cet homme avait le pouvoir de lire au fond des cœurs. Son abord devait être aussi glacial que l'air de cette rue froide. Il se tenait très droit. Le teint terreux et verdâtre de son visage était-il le résultat de travaux excessifs, ou produit par une santé frêle et maladive ?... Ce fut un problème résolu par la vieille mère de vingt manières différentes chaque soir et chaque matin.

Quant à Caroline, elle devina, sur ce visage austère et abattu, les traces d'une longue souffrance d'âme. Ce front facile à se rider, ces joues légèrement creusées gardaient l'empreinte du sceau dont le malheur marque ses sujets, comme pour leur laisser la consolation de se reconnaître d'un œil fraternel et de s'unir pour lui résister. Si le regard de la jeune fille s'anima d'abord d'une curiosité bien innocente, il prit une douce expression de sympathie et de pitié à mesure que l'inconnu s'éloignait, semblable au dernier parent qui ferme un convoi.

La chaleur était en ce moment si forte et la distraction du passant si grande, qu'il n'avait pas remis son chapeau en traversant cette rue malsaine ; alors, Caroline put remarquer, pendant le moment fugitif où elle l'observa, quelle apparence de sévérité était répandue sur sa figure par la manière dont ses cheveux se relevaient en brosse au-dessus de son front large.

L'impression vive, mais sans charme, ressentie par Caroline à l'aspect de cet homme, ne ressemblait à aucune des sensations que les autres habitués lui avaient fait éprouver. C'était la première fois que sa compassion s'exerçait sur un autre que sur elle-même et sur sa mère. Elle ne répondit rien à toutes les conjectures bizarres qui fournirent un aliment à l'agaçante loquacité de la vieille ; mais, tout en tirant sa longue aiguille dessus et dessous le tulle tendu, elle regrettait de ne pas avoir assez vu l'étranger, et attendit au lendemain pour porter sur lui un jugement définitif.

Néanmoins, c'était peut-être la première fois qu'un des habitués de la rue lui suggérait autant de réflexions; car, ordinairement, elle n'opposait qu'un sourire triste à toutes les suppositions de sa mère, qui lui créait un amant dans chaque passant. Si de semblables idées, beaucoup trop imprudemment présentées par cette mère à Caroline, n'éveillaient point en elle de mauvaises pensées, il ne fallait l'attribuer qu'à ce travail obstiné et malheureusement nécessaire qui consumait les forces de sa précieuse jeunesse, et devait infailliblement altérer un jour la limpidité magique de ses yeux, ou lui ravir les tendres couleurs dont ses joues blanches étaient encore nuancées.

Pendant deux grands mois environ, la nouvelle connaissance eut une allure très capricieuse. L'inconnu ne passait pas toujours par la rue du Tourniquet, et son infidélité était palpable ; car la vieille le voyait le soir sans l'avoir aperçu le matin quand il prenait cette route en affection. Il ne revenait pas à des heures aussi fixes que les autres employés qui servaient de pendule à madame Crochard. Enfin, sauf la première rencontre, où son regard avait inspiré une sorte de crainte à la vieille mère, jamais ses yeux ne parurent faire attention à l'aspect pittoresque que présentaient ces deux gnomes femelles.

A l'exception de deux grandes portes aussi vieilles qu'Hérode, et de la boutique obscure d'un ferrailleur, la rue du Tourniquet n'offrait que des fenêtres grillées qui éclairaient les escaliers de quelques maisons voisines par des jours de souffrance ; et alors, le peu de curiosité du passant ne pouvait pas se justifier par de dangereuses rivalités. Aussi, madame Crochard était-elle piquée de voir *son monsieur noir*, toujours gravement préoccupé, tenir les yeux baissés vers la terre ou levés en avant comme s'il eût voulu lire l'avenir dans le brouillard du Tourniquet.

Un matin, vers la fin de septembre, la tête lutine de Caroline Crochard se détachait si brillamment sur le fond obscur de sa chambre; elle se montrait si fraîche au sein des fleurs tardives et des feuillages flétris entrelacés autour des barreaux de la fenêtre ; et le tableau journalier présentait alors des oppositions d'ombre et de lumière, de blanc et de rose, si curieusement mariées soit avec les festons de la mousseline que brodait la gentille ouvrière, soit avec les tons bruns et rouges des fauteuils, que l'inconnu contempla fort attentivement les effets piquans de cette scène.

Mais il faut avouer aussi, que, fatiguée de l'indifférence de son monsieur noir, la vieille mère avait pris le parti de faire un tel cliquetis avec ses bobines, que le passant morne et soucieux fut peut-être contraint par ce bruit insolite à contempler les humbles et douces misères de ce tableau.

L'étranger échangea avec Caroline seulement un regard, rapide il est vrai, mais par lequel leurs âmes eurent un léger contact. Ils conçurent tous deux le pressentiment qu'ils penseraient l'un à l'autre. Aussi, le soir, à quatre heures, quand l'inconnu revint, Caroline distingua le bruit de ses pas sur le pavé criard; et, quand ils s'examinèrent, il y eut, de part et d'autre, une sorte de préméditation. Les yeux du passant furent animés d'un sentiment de bienveillance, et il sourit tandis que Caroline rougissait. La vieille mère les observa tous deux d'un air satisfait. A compter de cette mémorable matinée, le monsieur noir traversa, deux fois par jour, la rue du Tourniquet, sauf quelques exceptions que les deux femmes surent reconnaître. Elles jugèrent, d'après l'irrégularité de ses heures de retour, qu'il n'était ni aussi promptement libre ni aussi strictement exact qu'un employé subalterne.

Pendant les trois premiers mois de l'hiver, matin et soir, Caroline et le passant se virent pendant le temps bien court qu'il mettait à franchir l'espace de chaussée occupé par la porte et les trois fenêtres de la maison. Mais de jour en jour cette vision rapide contracta une intimité bienveillante et douce qui prit quelque chose de fraternel. Leurs âmes parurent d'abord se comprendre; puis, à force d'examiner l'un et l'autre leurs visages, ils en prirent lentement en détail une connaissance approfondie. Ce fut bientôt comme une visite que le passant faisait à Caroline.

Le dimanche, ou si un jour, par hasard, son monsieur noir ne lui apportait pas le sourire à demi formé par sa bouche éloquente et le regard ami de ses yeux noirs, il manquait quelque chose à la petite ouvrière: c'était une journée incomplète. Elle ressemblait à ces vieillards pour lesquels la lecture de leur journal est devenue un tel plaisir, que le lendemain d'une fête solennelle ils s'en vont, tout déroutés, demandant, autant par mégarde que par impatience, la feuille quotidienne, à l'aide de laquelle ils trompent un moment le vide de leur existence. Mais ces fugitives apparitions avaient autant pour l'inconnu que pour Caroline l'intérêt d'une lecture. C'était la causerie familière de deux amis. La jeune fille ne pouvait pas plus dérober à l'œil intelligent de son silencieux ami, une tristesse, une inquiétude, un malaise, que celui-ci ne pouvait cacher à Caroline une préoccupation.

— Il a eu du chagrin hier !... était une pensée qui naissait souvent au cœur de l'ouvrière quand elle contemplait la figure altérée du monsieur noir.

— Oh! il a beaucoup travaillé! était une exclamation due à d'autres nuances que Caroline savait distinguer.

L'inconnu devinait aussi que la jeune fille avait passé son dimanche à finir la robe dont il connaissait si bien le dessin. Il voyait aux approches des termes de loyer quelques inquiétudes assombrir cette jolie figure, et il savait quand Caroline avait veillé. Mais il avait surtout remarqué comment les pensées tristes qui défloraient les traits gais et délicats de cette tête s'étaient graduellement dissipées à mesure que leur connaissance avait vieilli.

Quand la bise inexorable de l'hiver vint sécher les tiges, les fleurs et les feuillages du jardin parisien qui décorait la fenêtre, et que la fenêtre se ferma, l'inconnu n'avait pas vu sans un sourire doucement malicieux la clarté extraordinaire du carreau qui se trouvait à la hauteur de la tête de Caroline. L'absence d'un foyer généreux et quelques traces d'une rougeur qui couperosait la figure des deux femmes, lui dénoncèrent l'indigence du petit ménage; mais si alors une douloureuse compassion se peignait dans ses yeux, Caroline lui opposait un visage fier et brillant de gaieté.

Cependant tout les sentimens éclos au fond de leurs cœurs, y restaient ensevelis sans qu'aucun événement ne leur en apprît l'un à l'autre la force et l'étendue. Ils ne connaissaient même pas le son de leurs voix. Il y a plus, ces deux amis muets se gardaient, comme d'un malheur, de s'engager dans une plus intime union. Chacun d'eux semblait craindre d'apporter à l'autre une infortune plus pesante que celle qu'il aurait à partager. Etait-ce cette pudeur d'amitié qui les arrêtait ainsi? Etait-ce l'appréhension d'égoïsme ou la méfiance atroce qui séparent tous les habitans réunis dans les murs d'une nombreuse cité? Ou plutôt la voix secrète de leur conscience les avertissait-elle d'un péril prochain? Il serait impossible d'expliquer le sentiment qui les rendait aussi ennemis qu'amis, aussi indifférens l'un à l'autre qu'ils étaient attachés, aussi unis d'instinct que séparés par le fait. Peut-être chacun d'eux voulait-il conserver ses illusions.

On eût dit, parfois, que l'inconnu craignait d'entendre sortir des paroles grossières de ces lèvres aussi fraîches, aussi pures qu'une fleur, et que Caroline ne se croyait pas digne de cet être mystérieux en qui tout révélait le pouvoir et la fortune.

Quant à madame Crochard, cette tendre mère semblait mécontente de l'indécision dans laquelle restait sa fille. Elle montrait une mine boudeuse à son monsieur noir, auquel elle avait jusque là toujours souri d'un air aussi complaisant que servile. Jamais elle ne s'était plainte si amèrement à sa fille d'être encore à son âge obligée de faire la cuisine. A aucune époque ses rhumatismes et son catarrhe ne lui avaient arraché autant de gémissemens. Enfin, ses doigts engourdis ne surent pas faire, pendant cet hiver, le nombre d'aunes de tulle sur lequel Caroline avait toujours compté.

Dans ces circonstances et vers la fin du mois de décembre, à l'époque où le pain était le plus cher, et où l'on ressentait déjà le commencement de cette cherté des grains qui rendit l'année 1816 si cruelle aux pauvres gens, le passant remarqua, sur le visage de la jeune fille dont il ignorait encore le nom les traces affreuses d'une pensée secrète que ses sourires bienveillans ne dissipèrent pas. Bientôt il reconnut, dans les yeux de Caroline, les flétrissans indices d'un travail nocturne.

Le douze janvier 1816, l'inconnu revenait un soir sur le minuit, et, contrairement à ses habitudes, par la rue du Tourniquet-Saint-Jean, lorsque, dans le silence de la nuit, il entendit, de loin, avant d'arriver à la maison de Caroline, la voix pleurarde de la vieille mère et celle plus douloureuse de la jeune ouvrière, qui retentissaient mêlées aux sifflemens d'une pluie de neige.

Alors il tâcha d'arriver à pas lents; puis, au risque d'être pris pour un voleur, il se tapit devant la croisée, et se mit à écouter, en examinant la mère et la fille par le plus grand des trous qui faisaient ressembler les rideaux de mousseline jaunie à ces grandes feuilles de chou mangées en rond par de voraces insectes. Le curieux passant vit un papier timbré sur la table qui séparait les deux métiers, et sur laquelle était posée la lampe entre les deux globes pleins d'eau. Il reconnut facilement une assignation. Madame Crochard pleurait. Caroline lui parlait, sa voix troublée avait un son guttural qui en altérait sensiblement le timbre doux et caressant.

— Pourquoi tant te désoler, ma mère?... M. Rigolet ne vendra pas nos meubles et ne nous chassera pas avant que j'aie terminé cette robe!... Encore deux nuits, et j'irai la porter chez madame Chignard.

— Et si elle te fait attendre comme toujours...? mais, en tout cas, le prix de ta robe paiera-t-il aussi le boulanger?

Le spectateur de cette scène possédait une telle habitude de lire sur les visages, qu'il crut entrevoir autant de fausseté dans la douleur de la mère que de vérité dans le chagrin sans emphase de la fille. Il disparut avec une célérité fantasmagorique ; mais quarante minutes s'étaient à peine écoulées, qu'il était revenu.

Quand il regarda par le trou de la mousseline, il ne vit plus que Caroline. La mère était couchée. Penchée sur son métier, la jeune ouvrière travaillait avec une infatigable activité. Sur la table, à côté de l'assignation, il y avait un morceau de pain triangulairement coupé et posé sans doute là pour la nourrir pendant la nuit, ou peut-être lui rappeler la récompense de son courage.

L'inconnu frissonna d'attendrissement et de douleur. Il tenait à la main une bourse de soie verte qui contenait dix pièces d'or, il la jeta, à travers un carreau de papier, de manière à la faire tomber aux pieds de la jeune fille ; puis, sans jouir de sa surprise, il s'évada le cœur palpitant, les joues en feu.

Le lendemain, le triste et sauvage étranger passa en affectant un air préoccupé ; mais il ne put échapper à la récompense qui l'attendait. Des larmes roulaient dans les yeux de Caroline. Elle avait ouvert la fenêtre et s'amusait à bêcher, avec un couteau, la caisse carrée couverte de neige, prétexte dont la maladresse ingénieuse annonçait à son bienfaiteur qu'elle ne voulait pas, cette fois, le voir à travers les vitres.

Elle fit à son dédaigneux protecteur un signe de tête comme pour lui dire :

— Je ne puis vous payer qu'avec le cœur!...

Il parut ne rien comprendre à l'expression de cette reconnaissance vraie. Le soir, quand il repassa, Caroline était occupée à recoller une feuille de papier sur la vitre brisée. Alors elle sourit du sourire des anges, en montrant comme une promesse l'émail blanc de ses dents brillantes.

Le monsieur noir prit dès lors un autre chemin et ne se montra plus dans la rue du Tourniquet.

Dans les premiers jours du mois de mai, un samedi matin que Caroline apercevait, entre les deux lignes noires des maisons, une faible portion d'un ciel bleu sans nuages, et pendant qu'elle arrosait avec un verre d'eau le pied de son chèvrefeuille, elle dit à sa mère :

— Maman, il faut aller demain nous promener à Montmorency?

A peine cette phrase était-elle prononcée

d'un air joyeux, que le monsieur noir vint à passer, plus triste et plus accablé que jamais.

Le chaste et caressant regard que Caroline lui jeta pouvait passer pour une invitation.

Le lendemain, quand madame Crochard, vêtue d'une redingote de mérinos brun rouge, d'un chapeau de soie et d'un schall à grandes raies imitant le cachemire, se présenta avec sa fille pour choisir un coucou au coin de la rue du Faubourg-Saint-Denis et de la rue d'Enghien, ils y trouvèrent leur inconnu, planté sur ses pieds, comme un homme qui attend sa femme.

Un sourire de plaisir dérida la figure triste de l'étranger quand il aperçut Caroline dont le petit pied était chaussé par des guêtres de prunelle couleur puce, dont la robe blanche, emportée par un vent perfide pour les femmes mal faites, dessinait des formes attrayantes, et dont la figure, ombragée par un chapeau de paille de riz doublée en satin rose, était comme illuminée d'un reflet céleste. Sa large ceinture de couleur puce faisait valoir une taille à saisir entre les deux mains. Ses cheveux, partagés en deux bandeaux de bistre sur un front blanc comme de la neige, lui donnaient un air de candeur que rien ne démentait. Le plaisir semblait la rendre aussi légère que la paille élégante de son chapeau ; mais il y eut en elle une espérance qui éclipsa tout-à-coup sa parure et sa beauté quand elle vit le monsieur noir.

Ce dernier, qui semblait irrésolu, fut peut-être décidé à servir de compagnon de voyage à Caroline par la révélation subite du bonheur qu'elle ressentait. Alors il loua, pour aller à Saint-Leu-Taverny, un cabriolet dont le cheval paraissait assez bon, et il offrit à madame Crochard et à sa fille d'y prendre place. La vieille mère accepta sans se faire prier; et ce ne fut qu'au moment où la voiture se trouva sur la route de Saint-Denis qu'elle s'avisa d'avoir des scrupules et de hasarder quelques civilités sur la gêne qu'elle et sa fille allaient causer à leur compagnon.

—Monsieur voulait peut-être se rendre seul à Saint-Leu ? dit-elle avec une fausse bonhomie.

Mais elle ne tarda pas à se plaindre de la chaleur et surtout de son catarrhe, qui, disait-elle, ne lui avait pas permis de fermer l'œil une seule fois pendant la nuit. Aussi à peine la voiture eut-elle atteint Saint-Denis, que madame Crochard parut endormie.

Quelques uns de ses ronflemens semblèrent suspects à l'inconnu, qui, fronçant les sourcils, regarda la vieille mère d'un air singulièrement soupçonneux.

— Oh! elle dort!... dit naïvement Caroline; elle n'a pas cessé de tousser depuis hier soir. Elle doit être bien fatiguée...

Pour toute réponse, le compagnon de voyage jeta sur la jeune fille un rusé sourire comme s'il lui disait : — Innocente créature !... tu ne connais pas ta mère !

Cependant, malgré sa défiance, et au bout d'une demi-heure, quand la voiture roula sur la terre dans cette longue avenue de peupliers qui conduit à Eaubonne, le monsieur noir crut madame Crochard réellement endormie ; mais peut-être aussi ne voulait-il plus examiner jusqu'à quel point ce sommeil était feint ou véritable.

En effet, soit que la beauté du ciel, l'air pur de la campagne et ces parfums enivrans répandus par les premières pousses des peupliers, par les fleurs du saule, et par celle des épines blanches, eussent disposé son cœur à s'épanouir comme la nature ; soit qu'une plus longue contrainte lui devînt importune, ou soit que les yeux pétillans de Caroline eussent répondu à l'inquiétude des siens, l'inconnu entreprit, avec sa jeune compagne, qui ne dormait pas, une conversation aussi vague que les balancemens des arbres sous l'effort de la brise, aussi vagabonde que les détours du papillon dans l'air bleu, aussi peu raisonnée que la voix doucement mélodieuse des champs, mais empreinte comme elle d'un mystérieux amour.

A cette époque la campagne n'est-elle pas frémissante comme une fiancée qui a revêtu sa robe d'hyménée, et ne convie-t-elle pas au plaisirs les âmes les plus obtuses?

Ah! quitter les rues froides et ténébreuses du Marais, pour la première fois depuis le dernier automne, et se trouver au sein de l'harmonieuse et pittoresque vallée de Montmorency, la traverser au matin, en ayant devant les yeux l'infini de ses horizons, et pouvoir reporter, de là, son regard sur des yeux qui peignent aussi l'infini en exprimant l'amour!... Ah! quels cœurs resteraient glacés, quelles lèvres garderaient un secret !

L'inconnu trouva Caroline plus gaie que spirituelle, plus aimante qu'instruite; mais, si son rire accusait de la folâtrerie, ses paroles promettaient un sentiment vrai. Quand, aux interrogations sagaces de son compagnon, la jeune fille répondait par une effusion de cœur dont les classes inférieures sont moins avares que les gens huchés sur le parquet des hauts salons, la figure du monsieur noir s'animait et semblait renaître. Sa physionomie perdait par degrés la tristesse qui en contractait les traits; puis, de teinte en teinte, elle prit un air de jeunesse et un caractère de beauté qui rendirent Caroline toute fière et heureuse.

L'ouvrière devina que son protecteur était un être sevré depuis long-temps de tendresse et d'amour, de plaisir et de caresses, ou que peut-être il ne croyait pas au dévouement d'une femme. Enfin, une saillie inattendue du léger babil de Caroline enleva le dernier voile qui ôtait à la figure de l'inconnu toute sa splendeur. Ce dernier sembla faire un éternel divorce avec des idées importunes, et il déploya toute la vivacité d'âme que décelait alors la figure redevenue jeune.

La causerie devint insensiblement si familière, qu'au moment où la voiture s'arrêta aux premières maisons du long village de Saint-Leu, Caroline nommait l'inconnu M. Eugène, et, pour la première fois seulement la vieille mère se réveilla.

— Caroline, elle aura tout entendu!... dit Eugène d'une voix soupçonneuse à l'oreille de la jeune fille.

Caroline répondit par un ravissant sourire d'incrédulité : il dissipa le nuage sombre que la crainte d'un calcul chez la mère avait répandu sur le front de cet homme défiant.

Sans s'étonner de rien, et approuvant tout, madame Crochard suivit sa fille et M. Eugène dans le parc de Saint-Leu, où les deux jeunes gens étaient convenus d'aller pour y visiter les riantes prairies et les bosquets embaumés que le goût de la reine Hortense a rendus si célèbres.

— Mon Dieu, que cela est beau!... s'écria Caroline, lorsque, montée sur la croupe verte où commence la forêt de Montmorency, elle aperçut à ses pieds l'immense vallée qui déroulait les richesses de ses côteaux semés de villages, les horizons bleuâtres de ses collines, ses clochers, ses prairies, ses champs, et dont le murmure vint expirer à l'oreille de la jeune fille comme un bruissement de la mer. Les trois voyageurs côtoyèrent les délicieux rivages d'une rivière factice, et ils arrivèrent à cette vallée suisse dont le chalet reçut plus d'une fois la reine Hortense et Napoléon.

Quand Caroline se fut assise, avec un saint respect, sur le banc de bois moussu où s'étaient reposés des rois, des princesses et l'empereur, madame Crochard manifesta le désir opiniâtre d'aller voir de plus près un pont suspendu entre deux rochers qu'elle apercevait au loin ; et, se dirigeant vers cette curiosité champêtre, elle laissa son enfant sous la garde de M. Eugène en lui disant qu'elle ne le perdrait pas de vue.

— Eh quoi ! pauvre petite, s'écria Eugène, vous n'avez jamais désiré la fortune et les jouissances du luxe ? Vous ne souhaitez pas quelquefois de porter les belles robes que vous brodez ?

— Je vous mentirais, monsieur Eugène, si je vous disais que je ne pense pas au bonheur dont jouissent les riches. Ah! oui, je songe souvent, quand je m'endors surtout, au plaisir que j'aurais de voir ma pauvre mère ne pas être obligée d'aller, tel temps qu'il fasse, chercher nos petites provisions!... à son âge!... Je voudrais que le matin une femme de ménage lui apportât, pendant qu'elle est encore au lit, son café bien sucré avec du sucre blanc. Elle aime à lire des romans, la pauvre bonne femme!.. eh bien, je préférerais lui voir user ses yeux à sa lecture favorite, plutôt qu'à remuer des bobines depuis le matin jusqu'au soir. Il lui faudrait aussi un peu de bon vin. Enfin je voudrais la savoir heureuse, elle est si bonne!

— Elle vous a donc bien prouvé sa bonté?...

— Oh!... répliqua la jeune fille d'un son de voix profond.

Puis, après un assez court moment de silence, pendant lequel les deux jeunes gens regardèrent madame Crochard, qui, parvenue au milieu du pont rustique, les menaçait du doigt, Caroline reprit :

— Oh! oui, elle me l'a prouvé!... Combien

ne m'a-t-elle pas soignée quand j'étais petite !...
Elle a vendu ses derniers couverts d'argent
pour me mettre en apprentissage chez la vieille
fille qui m'a appris à broder. Et mon pauvre
père !... Que de mal elle a eu pour lui faire passer heureusement ses derniers momens !

A cette idée, la jeune fille tressaillit et se fit
un voile de ses deux mains.

— Ah! ba! ne pensons jamais aux malheurs
passés !... dit-elle en essayant de reprendre un
air enjoué.

Elle rougit en s'apercevant que M. Eugène
s'était attendri, mais elle n'osa le regarder.

— Que faisait donc votre père ?... demanda-
t-il.

— Mon père était danseur à l'Opéra avant
la révolution, dit-elle de l'air le plus naturel
du monde, et ma mère chantait dans les
chœurs. Mon père, qui commandait les évolu-
tions sur le théâtre, ayant mis en ligne les
vainqueurs de la Bastille, obtint le grade de capitaine et se conduisit à l'armée de Sambre-et-
Meuse de manière à monter rapidement en
grade. En dernier lieu, il a été nommé major;
mais il fut si grièvement blessé à Lutzen qu'il

est revenu mourir à Paris, après deux ans de maladie... Ah! que de chagrins nous avons eus!... Et puis, les Bourbons sont arrivés, et... ma mère n'ayant pu obtenir de pension, nous sommes retombées, elle et moi, dans une situation telle, qu'il a fallu travailler pour vivre...

Depuis quelque temps, la bonne femme est devenue maladive, aussi jamais je ne l'ai vue si peu résignée. Elle se plaint, et je le conçois! Elle a connu l'abondance et une vie heureuse... Quant à moi... je ne saurais regretter une vie et un monde que je n'ai pas connus. Je ne demande qu'une seule chose au ciel.

— Quoi?... dit vivement M. Eugène qui semblait rêveur.

— Que les femmes portent toujours des tulles brodés ; et alors... mon ouvrage me suffira toujours bien.

La franchise de ces aveux intéressa le jeune homme, qui regarda d'un œil moins hostile madame Crochard quand elle revint vers eux d'un pas lent.

— Eh bien, mes enfans, avez-vous bien jasé? leur demanda-t-elle d'un air tout à la fois railleur et indulgent. — Quand on pense, monsieur Eugène, que le *petit caporal* s'est assis là où vous êtes!... reprit-elle après un moment de silence. — Pauvre homme!... ajouta-t-elle. Mon mari l'aimait-il!... Ah! Crochard a aussi bien fait de mourir, car il n'aurait pas enduré de le savoir là où *ils* l'ont mis!...

M. Eugène posa un doigt sur ses lèvres, et la bonne vieille, hochant la tête, dit d'un air sérieux :

— Suffit!... on aura la bouche close et la langue morte!...

Mais, ajouta-t-elle en ouvrant les deux bords de son corsage et montrant une croix et son ruban rouge suspendus à son cou par une faveur noire, *ils* ne m'empêcheront pas de porter ce que *l'autre* a donné à mon pauvre Crochard, et je me ferai enterrer avec...

En entendant des paroles qui, à cette époque, passaient pour très séditieuses, M. Eugène interrompit la vieille mère en se levant brusquement, et ils achevèrent un joyeux pèlerinage à travers les allées du parc. Le jeune homme s'absenta pendant quelques instans pour aller commander un repas chez le meilleur traiteur de Taverny ; puis il revint chercher les deux dames, et les y conduisit en les faisant passer par les sentiers de la forêt.

Le dîner fut gai. M. Eugène n'était déjà plus cette ombre sinistre qui passait naguère rue du Tourniquet. Il ressemblait moins au *monsieur noir* qu'à un jeune homme confiant, prêt à s'abandonner au courant de la vie comme ces deux femmes insouciantes et laborieuses, qui le lendemain peut-être manqueraient de pain. Enfin, il paraissait sous l'influence des joies du premier âge, car son sourire avait quelque chose de caressant et d'enfantin.

Quand, sur les cinq heures, le joyeux dîner fut terminé par quelques verres de vin de Champagne, Eugène fut le premier à proposer d'aller danser sous les châtaigniers au bal champêtre du village. Caroline et son protecteur dansèrent donc ensemble. Leurs mains se pressèrent avec intelligence, et leurs cœurs battirent d'une même espérance. Sous le ciel bleu, aux rayons obliques et rouges du couchant, leurs regards arrivèrent à un éclat qui pour eux faisait pâlir celui du ciel.

Étrange puissance d'une idée et d'un désir! Rien ne leur semblait impossible! L'âme, dans ces momens magiques, ne prévoit que du bonheur, et il semble que le plaisir jette ses reflets jusque sur l'avenir.

Cette brillante et pure journée avait déjà créé pour tous deux de célestes souvenirs auxquels ils ne pouvaient rien comparer dans le passé de leur existence. La source serait-elle donc plus gracieuse que le fleuve ; le désir serait-il plus ravissant que la jouissance ; et, ce qu'on espère, plus attrayant que tout ce qu'on possède ?

— Voilà donc la journée déjà finie !... Telle fut l'exclamation qui s'échappa du cœur de l'inconnu quand la danse eut cessé.

Caroline le regarda d'un air compatissant en lui voyant reprendre une légère teinte de tristesse.

— Pourquoi ne seriez-vous pas aussi content à Paris qu'ici ? dit-elle. Le bonheur n'est-il qu'à Saint-Leu ?... Il me semble maintenant que je ne puis être malheureuse nulle part...

L'inconnu tressaillit à ces paroles dictées par ce sentiment de pitié douce qui entraîne toujours les femmes plus loin qu'elles ne comptent aller, de même qu'une extrême pruderie leur donne parfois plus de cruauté qu'elles n'en ont.

Pour la première fois depuis le regard qui avait en quelque sorte commencé leur amitié, Eugène et Caroline eurent une même pensée. Ils ne l'exprimèrent pas; mais ils la sentirent au même moment par une mutuelle impression semblable à celle d'un bienfaisant foyer qui les aurait consolés des atteintes de l'hiver.

Alors, comme s'ils eussent craint leur silence, ils se rendirent à l'endroit où leur modeste voiture les attendait; mais avant de se confier, pour retourner à Paris, aux flancs disjoints et aux roues à demi brisées de leur coucou, ils se prirent fraternellement par la main, et coururent dans une allée sombre devant madame Crochard. Quand ils ne virent plus le blanc bonnet de tulle qui leur indiquait la vieille mère comme un point à travers les feuilles :

— Caroline... dit Eugène d'une voix troublée et le cœur palpitant.

La jeune fille confuse recula de quelques pas, car elle comprit toute la puissance de cette interrogation d'amour. Mais, folâtre et badine, elle tendit une main d'albâtre qui fut baisée avec ardeur; et si elle la laissa baiser, c'est qu'en se levant sur la pointe des pieds elle avait aperçu sa mère. Madame Crochard fit semblant de ne rien voir, comme si, par un souvenir de ses anciens rôles de l'Opéra, elle eût dû ne figurer là qu'en *a parte*.

———

Il existe dans les maisons nouvellement bâties à Paris de ces appartemens qui semblent faits exprès pour que de jeunes mariés y passent leur lune de miel. Les peintures et les papiers y sont frais comme les époux, et la décoration en est dans sa fleur comme leur amour: tout y est en harmonie avec de jeunes idées, avec de bouillans désirs.

Or, au milieu de la rue du Helder, dans une maison dont la pierre de taille était encore blanche, les colonnes du vestibule et de la porte sans souillure, et les murs encore éclatans de cette peinture d'un blanc de plomb dont on les couvre aujourd'hui, il y avait au second étage un petit appartement traité par l'architecte avec une complaisance toute particulière : il semblait qu'il en eût deviné la destination.

Une très jolie antichambre, revêtue en stuc à hauteur d'appui, donnait entrée dans un salon et dans une petite salle à manger. Le salon communiquait à une délicieuse chambre à coucher près de laquelle se trouvait une salle de bain. Les cheminées y étaient toutes garnies de hautes glaces encadrées avec recherche ; les portes avaient pour ornemens des arabesques de bon goût, et les corniches étaient d'un style pur. Un amateur aurait reconnu là, mieux qu'ailleurs, cette science de distribution et de décor qui distingue nos architectes modernes.

Cet appartement était habité depuis un mois environ par une jeune femme. Elle l'avait trouvé tout meublé, pour elle, par un de ces tapissiers qui peuvent passer pour des artistes.

La description succincte de la pièce la plus importante suffira pour donner une idée des merveilles que ce mystérieux réduit avait présentées à celle qui en était alors la maîtresse. Des tentures de percaline grise, égayées par des agrémens en soie verte, décoraient les murs de sa chambre à coucher. Les meubles, couverts en casimir clair, lui offraient les formes gracieuses et légères créées par le dernier caprice de la mode. Une commode en bois indigène, incrustée de filets bruns, recélait les trésors de sa parure, et le secrétaire pareil lui servait à écrire de doux billets sur un papier parfumé. Le lit drapé à l'antique ne pouvait lui inspirer que des idées de volupté par la mollesse et les plis séducteurs de ses mousselines élégamment jetées. Les rideaux de soie grise à franges vertes étaient toujours étendus de manière à intercepter le jour. Une pendule de bronze représentait l'Amour couronnant Psyché. Enfin, un tapis à dessins gothiques imprimés sur un fond rougeâtre faisait ressortir tous les accessoires de ce lieu de délices.

En face d'une brillante Psyché se trouvait une petite toilette, devant laquelle la jeune femme, assise, s'impatientait de la science peu expéditive de son coiffeur.

— Espérez-vous finir ma coiffure aujourd'hui?... dit-elle.

— Mais madame a les cheveux si longs et si épais!... répondit le fameux Plaisir.

La petite femme ne put s'empêcher de sourire. La flatterie de l'artiste avait sans doute réveillé dans son cœur le souvenir des louanges passionnées que lui adressait son bien-aimé sur la beauté d'une chevelure dont il était idolâtre.

Le coiffeur parti, une femme de chambre se présenta, et la déesse du temple tint conseil avec elle sur la toilette qui plairait le plus à monsieur. Comme il faisait froid (l'on était au commencement de septembre 1816), une robe de grenadine verte garnie en chinchilla fut choisie.

Aussitôt que la toilette fut terminée, la jolie femme s'élança vers le salon, y ouvrit une croisée qui donnait sur l'élégant balcon dont la façade de la maison était décorée; puis, croisant les bras pour s'appuyer sur une rampe en fer bronzé, elle resta là dans une attitude charmante, non pour s'offrir à l'admiration des passans et les voir tourner la tête vers elle, mais pour ne pas cesser de regarder la petite portion de boulevard qu'elle pouvait apercevoir au bout de la rue du Helder. Cette échappée de vue, que l'on comparerait volontiers au trou pratiqué pour les acteurs sur un rideau de théâtre, lui permettait de distinguer une multitude de voitures élégantes et une foule de monde emportées avec la rapidité d'ombres chinoises.

La jeune femme, ignorant s'*il* viendrait à pied ou en voiture, examinait tour à tour les piétons et les tilburys, voitures légères récemment importées en France par les Anglais. Des expressions de mutinerie et d'amour passaient sur sa jeune figure, quand, après un quart d'heure d'attente, son œil perçant ou son cœur ne lui avaient pas encore montré celui qu'elle savait devoir venir. Que de mépris ou d'insouciance était peint sur son beau visage pour toutes les créatures qui s'agitaient comme des fourmis sous ses pieds! Comme ses yeux gris, pétillans de malice, étincelaient! Elle était là pour elle-même, sans se douter que tous les jeunes gens emportaient mille confus désirs à l'aspect de ses formes attrayantes. Elle évitait même leurs véridiques hommages avec autant de soin que les plus fières en mettent à les recueillir pendant leurs promenades à Paris. Elle ne s'inquiétait certes guère si le souvenir de sa peau blanche, de son petit pied qui dépassait le balcon ; si la piquante image de ses yeux animés et de son nez voluptueusement retroussé, s'effaceraient ou non, le lendemain, du cœur des passans qui l'avaient admirée; car elle ne voyait qu'une figure et n'avait qu'une idée.

Enfin, quand la tête mouchetée d'un certain cheval bai-brun vint à dépasser la ligne tracée, dans l'espace, par les maisons, la jeune femme tressaillit et se haussa sur la pointe des pieds pour tâcher de reconnaître plus vite les guides blanches et la couleur vert foncé du tilbury. C'est *lui !...* Il a tourné l'angle de la rue, et, après avoir vu le balcon, il a, par une caresse du fouet, averti le noble animal qui, en moins d'une seconde, est parvenu à cette porte bronzée qui lui est aussi connue qu'à son maître.

La porte de l'appartement ayant été ouverte

d'avance par la femme de chambre qui a entendu le petit cri de joie jeté par sa maîtresse. Un homme se précipite vers le salon; bientôt il presse la jolie femme dans ses bras, et l'embrasse avec cette effusion de sentiment que provoquent toujours les réunions peu fréquentes de deux êtres qui s'aiment. Il l'entraîne, ou plutôt ils marchent, par une volonté unanime, quoique enlacés dans les bras l'un de l'autre, vers cette chambre discrète et embaumée. Une causeuse les reçoit devant le foyer, et ils se contemplent un moment en silence, n'exprimant leur bonheur que par les vives étreintes de leurs mains, ne se communiquant leurs pensées que par un long regard.

— Oui, c'est lui!... dit-elle enfin, c'est mon Eugène!... Sais-tu que voici deux grands jours que je ne t'ai vu... Deux siècles! Mais qu'as-tu?.. tu as du chagrin...

— Ma pauvre Caroline...

— Oh! c'est cela, ma pauvre Caroline!...

— Non, ne ris pas... mon ange, car nous ne pouvons pas aller ce soir à Feydeau!

Caroline fit une petite mine boudeuse, mais

qui se dissipa tout-à-coup. Son visage resplendit, et elle s'écria:

— Que je suis sotte! Comment puis-je penser au spectacle quand je te vois?... Oh! te voir, n'est-ce pas le seul spectacle que j'aime?..

Et elle se complut à passer ses doigts potelés et carressans dans les cheveux d'Eugène.

— Je suis obligé d'aller chez notre chef d'état-major. Nous avons en ce moment une affaire épineuse. Il m'a rencontré dans la grande salle, et comme c'est moi qui porte la parole, il m'a engagé à venir dîner avec lui; mais, ma chérie, tu peux aller à Feydeau avec ta mère, je vous y rejoindrai si la conférence finit de bonneheure.

— Aller au spectacle sans toi!... s'écria-t-elle avec une expression d'étonnement; ressentir un plaisir que tu ne partagerais pas!.. Oh! mon Eugène! vous mériteriez de ne pas être embrassé!

Et elle lui saute au cou par un mouvement aussi naïf que voluptueux.

— Allons, petite folle, il faut que je parte...
— Méchant!
— Oh! Caroline, il faut que je rentre m'ha-

biller, il y a loin d'ici au Marais, et j'ai encore quelques affaires...

— Monsieur, reprit Caroline en l'interrompant, prenez garde à ce que vous dites là! Ma mère m'a avertie que les hommes commencent à ne plus nous aimer quand ils parlent de nous quitter pour leurs affaires!...

— Caroline!... ne suis-je pas venu?... n'ai-je pas dérobé cette heure-ci à mon impitoyable...?

— Chut!... dit-elle en mettant un doigt sur la bouche d'Eugène. Chut! ne vois-tu pas que je me moque.

En ce moment ils étaient revenus tous les deux dans le salon. Les yeux d'Eugène tombèrent sur un meuble apporté le matin même par l'ébéniste. C'était le vieux métier en bois de rose, dont le produit avait nourri Caroline et sa mère quand elles habitaient la rue du Tourniquet-Saint-Jean. Il avait été remis à neuf, et une robe de tulle d'un riche dessin y était déjà tendue.

— Hé bien, mon bon Eugène, ce soir je travaillerai... En brodant, je me croirai encore à ces premiers jours où tu passais devant moi sans mot dire, mais non pas sans me regarder ; à ces jours où le souvenir de tes doux regards me tenait éveillée pendant la nuit. O mon cher métier !... C'est le plus beau meuble de mon salon, quoiqu'il ne me vienne pas de toi !...

— Tu ne sais pas ?... dit-elle en s'asseyant sur les genoux de l'inconnu, qui, ne pouvant résister à d'enivrantes émotions, était tombé sur un fauteuil. Écoute-moi donc : je veux donner aux pauvres tout ce que je gagnerai avec ma broderie... car tu m'as faite si riche !.. Oh ! que j'aime cette jolie terre de Bellefeuille... moins pour ce qu'elle est, que parce que c'est toi qui me l'as donnée !... Mais, dis-moi, mon Eugène, je voudrais m'appeler Caroline de Bellefeuille... Cela se peut-il ? Tu dois savoir ça...

Eugène fit une petite moue d'affirmation qui lui était suggérée par sa haine pour le nom de Crochard. Alors Caroline sauta légèrement, et frappa en signe de joie ses mains l'une contre l'autre.

— Il me semble, s'écria-t-elle, que je t'appartiendrai bien mieux. Ordinairement une fille renonce à son nom et prend celui de son mari...

Une idée importune qu'elle chassa aussitôt la fit rougir ; puis, prenant Eugène par la main, elle le mena devant un piano ouvert.

— Écoute.... dit-elle. Je sais maintenant ma sonate comme un auge !...

Et ses doigts couraient déjà sur les touches d'ivoire, quand elle se sentit saisie et enlevée par la taille.

— Caroline.... je devrais être loin !...

— Tu veux partir... eh bien, va-t'en, car ce que tu veux, je le veux...

Elle dit ces paroles en boudant, mais elle sourit après avoir regardé la pendule, et s'écria joyeusement :

— Je t'aurai toujours gardé un quart-d'heure de plus !....

— Adieu, madame de Bellefeuille ! dit Eugène avec une douce ironie d'amour.

Après avoir pris un baiser donné ou reçu de bon cœur, elle reconduisit son protecteur bien-aimé jusque sur le seuil de la porte. Quand le bruit de ses pas ne retentit plus dans l'escalier, elle accourut sur le balcon pour le voir monter dans le tilbury léger, pour lui voir prendre les guides, pour recueillir un dernier regard, entendre le coup de fouet, le roulement des roues sur le pavé, et pour suivre des yeux le brillant cheval, le chapeau du maître, le galon d'or qui ceignait celui du jockey, pour regarder même long-temps encore après que l'angle noir de la rue lui eut dérobé cette vision.

Cinq ans après l'installation de mademoiselle Caroline de Bellefeuille dans la jolie maison de la rue du Helder, il s'y passa, pour la seconde fois, une de ces scènes domestiques qui resserrent si puissamment les liens d'affection entre deux êtres qui s'aiment.

Au milieu du salon bleu, et en face de la fenêtre qui s'ouvrait sur le balcon, un petit garçon de quatre ans et demi faisait un tapage infernal en fouettant le cheval de carton sur lequel il était monté, et dont les deux arcs recourbés qui en soutenaient les pieds n'allaient pas assez vite au gré du tapageur. Sa jolie petite tête, dont les cheveux blonds retombaient en mille boucles sur une collerette brodée, sourit comme une figure d'ange à sa mère, quand, du fond d'une bergère, elle lui dit :

— Pas si haut! Charles !.... tu vas réveiller ta petite sœur.

Alors le curieux enfant, descendant brusquement de cheval, arriva sur la pointe des pieds, comme s'il eût craint de faire du bruit sur le tapis; puis, mettant un doigt entre ses petites dents, et dans une de ces attitudes enfantines qui n'ont tant de grâce que parce que rien n'y est forcé, il leva tout doucement le voile de mousseline blanche qui cachait le frais visage d'une petite fille endormie sur les genoux de sa mère.

— Elle dort donc, Eugénie ?.... dit-il tout étonné. Pourquoi donc qu'elle dort quand nous sommes éveillés?.... ajouta-t-il en ouvrant de grands yeux noirs qui flottaient dans un fluide abondant.

— Dieu seul sait cela !... répondit Caroline en souriant.

Puis la mère et l'enfant contemplèrent la petite fille qui avait été baptisée le matin même.

Caroline était alors âgée de vingt-quatre ans environ. Un bonheur sans nuage, des plaisirs constans avaient développé toute sa beauté. C'était une femme accomplie. Les désirs de son cher Eugène ayant été des lois pour elle, elle avait réussi à acquérir les connaissances qui lui manquaient. Elle touchait assez bien du piano et chantait agréablement. Ignorant les usages d'une société qu'elle avait toujours fui en obéissant à cet axiome qui dit : La femme heureuse ne va pas dans le monde, elle n'avait su ni prendre cette élégance de manières, ni apprendre cette conversation pleine de mots et vide de pensées qui font le charme des salons. En revanche, elle s'était efforcée d'acquérir les connaissances utiles à une mère qui n'a d'autre ambition que d'élever parfaitement ses enfans. Le sentiment de la maternité s'était développé en elle à un haut degré. Ne pas quitter son fils, lui donner dès le berceau ces leçons de tous les momens qui gravent dans de jeunes âmes le goût du beau et du bon en tout, le préserver de toute influence extérieure, et remplir à la fois les pénibles fonctions de la bonne et les douces obligations d'une mère, étaient ses uniques plaisirs. Elle avait une âme si discrète et si douce, qu'après six ans de l'union la plus tendre elle ne connaissait encore à son époux que le nom d'Eugène : car elle s'était, dès le premier jour, résignée à ne pas faire un pas hors de la sphère enchantée où pour elle se trouvait le bonheur. La gravure du tableau de Psyché arrivant avec sa lampe pour voir l'Amour malgré sa défense était toujours devant ses yeux dans sa chambre à coucher.

Pendant ces six années d'amour et de joie, ses modestes plaisirs n'avaient jamais fatigué par une ambition mal placée le cœur d'Eugène, vrai trésor de bonté. Jamais elle n'avait souhaité un diamant, une parure coûteuse. Elle avait refusé le luxe d'une voiture vingt fois offerte à sa vanité. Attendre sur le balcon l'arrivée d'Eugène, aller avec lui au spectacle, ou errer ensemble pendant les beaux jours dans les environs de Paris ; l'espérer, le voir, et l'espérer encore, étaient l'histoire simple de toute sa vie pauvre d'évènemens, mais pleine d'amour.

En berçant actuellement sur ses genoux la fille qu'elle avait eue deux mois avant cette journée, elle se plut à évoquer les souvenirs du temps passé. Elle s'arrêta plus volontiers sur tous les mois de septembre, époque à laquelle, chaque année, son Eugène l'emmenait à Bellefeuille pour y passer ces beaux jours qui semblent appartenir à toutes les saisons : car alors la nature est aussi prodigue de fleurs que de fruits, les soirées sont chaudes et les matinées fraîches, et l'éclat de l'été succède souvent à la douce mélancolie de l'automne.

Elle songeait avec délices que, pendant les premiers temps de son amour, elle avait expliqué l'égalité d'âme et la douceur de caractère dont son ami lui donnait tant de preuves, par la rareté de leurs entrevues toujours désirées, et par la manière dont ils vivaient : n'étant pas sans cesse en présence l'un de l'autre, comme un mari et une femme. Elle se souvint que, tourmentée de vaines craintes, elle l'avait épié en tremblant, pendant leur premier séjour à cette petite terre du Gâtinais. Espionnage d'amour aussi doux qu'inutile! Chacun de ces mois de bonheur avait passé comme un songe, au sein d'un amour qui ne se démentait pas, car elle avait toujours vu à cet être de bonté un tendre sourire sur les lèvres, sourire qui semblait être l'écho du sien.

A ces tableaux d'amour trop puissamment évoqués, ses yeux se mouillèrent de larmes; car elle crut ne pas aimer assez. Elle était tentée de voir dans le malheur de sa situation équivoque une espèce d'impôt mis par le sort sur sa félicité. Enfin, une invincible curiosité lui faisait chercher pour la millième fois les évènemens qui avaient pu amener un homme aussi aimant qu'Eugène à ne jouir que d'un bonheur clandestin. Elle forgeait mille romans, précisément pour se dispenser d'admettre la véritable raison que depuis long-temps elle avait devinée, et à laquelle elle essayait de ne pas croire.

Gardant son enfant endormi dans ses bras, elle se leva pour aller présider, dans la salle à manger, à tous les préparatifs du dîner. Ce jour était le 6 mai 1822, anniversaire de la promenade au parc de Saint-Leu, pendant laquelle sa vie avait été décidée. Aussi chaque année ce jour ramenait-il une fête aussi douce que secrète.

Caroline désigna le linge damassé qui devait servir au repas; elle veilla à l'arrangement du dessert; et quand elle eut pris avec bonheur tous les soins qui pouvaient avoir une influence immédiate sur le bien-être de son cher Eugène, elle déposa Eugénie dans un petit berceau d'acajou, et vint se placer sur le balcon.

Elle ne tarda pas à voir paraître le cabriolet par lequel son ami, parvenu à la maturité humaine, avait remplacé l'élégant tilbury des premiers jours. Eugène entra dans le salon, et après avoir essuyé le premier feu des caresses de Caroline et du petit espiègle qui l'appelait papa, il alla au berceau, contempla le sommeil de sa fille, et la baisa sur le front. Puis, tirant de la poche de son habit un long papier bariolé de lignes noires :

— Caroline, dit-il, voici la dot de cette petite crieuse.

Mademoiselle de Bellefeuille prit avec reconnaissance le titre dotal, qui était une inscription au grand-livre de la dette publique.

— Pourquoi trois mille francs de rente à Eugénie, quand tu n'as donné que quinze cents francs à Charles?

— Charles, mon ange, sera un homme, répondit-il. Quinze cents francs lui suffiront, parce que, avec ce revenu, un homme courageux est au-dessus de la misère. Si, par hasard, il était un homme nul, je ne veux pas qu'il puisse faire des folies. S'il a de l'ambition, cette modicité lui inspirera le goût du travail. Eugénie est femme, il lui faut une dot.

Le père se mit à jouer avec Charles, dont les caressantes démonstrations annonçaient avec quelle indépendance et quelle liberté il était élevé. Aucune crainte établie entre le père et l'enfant ne détruisait ce charme qui récompense des soins de la paternité. La gaieté de cette petite famille était aussi douce que vraie. Le soir, une lanterne magique vint étaler, sur une toile blanche, ses piéges et ses mystérieux tableaux, à la grande surprise du petit Charles. Plus d'une fois, les joies célestes de cette innocente créature excitèrent des fous rires sur les lèvres d'Eugène et de Caroline.

Quand, plus tard, le petit garçon fut couché, la petite fille se réveilla, et il fallut lui laisser prendre sa limpide nourriture. Alors à la clarté d'une lampe, au coin du foyer, le soir, dans cette chambre de paix et de plaisir, Eugène s'abandonna au charme de contempler le tableau suave que lui présentait cet enfant suspendu au sein de sa mère.

Caroline était blanche et fraîche comme un lis nouvellement éclos; ses cheveux retombant sur son cou par des milliers de boucles brunes encadraient sa tête comme d'un feuillage noir, et la lueur faisait ressortir toutes ses grâces, en multipliant sur elle, autour d'elle, sur ses vêtemens et sur l'enfant, ces effets pittoresques produits par les combinaisons de l'ombre et de la lumière. Le visage de cette mère calme et silencieuse parut mille fois plus doux que jamais à Eugène, qui regardait avec amour ces lèvres chiffonnées et vermeilles desquelles il n'avait pas encore entendu sortir une seule parole discordante. La même pensée brillait dans les yeux de Caroline, qui examinait Eugêne du coin de l'œil, soit pour jouir de l'effet qu'elle produisait sur lui, soit pour deviner l'avenir de cette soirée d'amour.

L'inconnu comprit toute la coquetterie de ce regard fin et voluptueux, car il dit avec une feinte tristesse :

— Il faut que je parte. J'ai une affaire très grave à terminer, et l'on m'attend chez moi. Le devoir avant tout, ma chérie.

Caroline le regarda d'un air à la fois triste et doux; mais avec cette résignation qui ne laisse ignorer aucune des douleurs d'un sacrifice :

— Adieu !.. dit-elle. Va-t'en ; car si tu restais une heure de plus, je ne te donnerais pas facilement ta liberté.

— Mon ange, répondit-il alors en souriant, j'ai trois jours de congé, et je suis censé à vingt lieues de Paris.

La fête fut complète.

Quelques jours après l'anniversaire du six mai, mademoiselle de Bellefeuille accourut un matin dans la rue Saint-Louis, au Marais, en souhaitant de ne pas arriver trop tard dans une maison fort décente où elle se rendait ordinairement tous les deux jours. Un exprès était venu lui apprendre que sa mère, madame Crochard, allait succomber à une complication de douleurs produites en elle par les catharres et les rhumatismes dont elle était affligée.

Pendant que le conducteur du fiacre fouettait ses chevaux, d'après une invitation pressante que Caroline avait fortifiée par la promesse d'un ample pour-boire, les vieilles femmes timorées, dont la veuve Crochart avait fait sa société, pendant ses derniers jours, venaient d'introduire un prêtre dans l'appartement commode et propre que la vieille comparse de l'Opéra occupait au second étage de la maison.

La servante de madame Crochard, ignorant que la jolie demoiselle chez laquelle sa maîtresse allait si souvent dîner, était sa propre fille, avait été une des premières à solliciter le secours d'un confesseur, espérant que cet ecclésiastique lui serait au moins aussi utile qu'à la malade.

Entre deux bostons, ou en se promenant au Jardin Turc, les vieilles femmes avec lesquelles la veuve caquetait tous les jours, avaient réussi à réveiller dans le cœur glacé de leur amie quelques scrupules sur sa vie passée, quelques idées d'avenir, quelques craintes sur l'enfer, et quelques espérances de pardon dans un sincère retour à la religion.

Or, dans cette solennelle matinée, trois douairières de la rue Saint-François et de la Vieille-Rue-du-Temple étaient venues s'établir dans le salon où madame Crochard les recevait tous les mardis. A tour de rôle, l'une d'elles quittait son fauteuil pour aller au chevet du lit tenir compagnie à la pauvre vieille, et la consoler en lui disant que ce n'était absolument rien que la faiblesse dont elle gémissait sur son lit funèbre.

Cependant quand la crise leur parut prochaine, et qu'un médecin, appelé la veille, déclara qu'il ne répondait pas de la veuve, les trois dames, hochant la tête, se consultèrent. Françoise préalablement entendue, il fut arrêté que, moyennant quinze sous, un commissionnaire partirait pour la rue du Helder, prévenir mademoiselle de Bellefeuille, dont les quatre femmes redoutaient l'influence sur l'esprit de la malade. Elles espérèrent que l'Auvergnat ramènerait trop tard cette jeune personne, qui avait une si grande part de l'affection de madame Crochard.

Si la veuve avait été adulée et choyée par le trio femelle, c'est qu'elle leur parut jouir d'un millier d'écus de rente. Or, comme aucune de ces bonnes amies, ni même Françoise, ne lui connaissaient d'héritier; comme mademoiselle de Bellefeuille, à laquelle madame Crochard s'était interdit de donner le doux nom de fille par suite des *us* de l'ancien Opéra, jouissait d'une certaine opulence; ces bonnes âmes se sentaient peu gênées, par leur conscience, dans le plan formé par elles, de partager la succession future de la veuve Crochard.

La plus vieille des trois sybilles qui tenait la malade en arrêt, vint montrer une tête branlante au couple inquiet, et dit:

— Il est temps d'envoyer chercher M. l'abbé de Fontanon, car, encore deux heures, et elle n'aura ni sa tête, ni la force d'écrire un mot.

La vieille servante édentée partit donc, et revint avec un homme vêtu d'une redingote noire. Il avait une figure commune: son front était étroit, ses joues larges et pendantes, son menton double. Ses cheveux poudrés lui donnaient un air doucereux tant qu'il ne levait pas des yeux bruns, petits, à fleur de tête, et qui n'auraient pas été mal placés sous les sourcils d'un Tartare.

— Monsieur l'abbé, lui disait Francoise, je vous remercie bien de vos avis; mais aussi, j'ai eu un fier soin de cette chère femme-là!...

La domestique au pas traînant et à la figure en deuil se tut en voyant que la porte de l'appartement était ouverte et que la plus insinuante des trois douairières était accourue sur le palier pour être la première à parler au confesseur. Quand l'ecclésiastique eut complaisamment essuyé la triple bordée des discours mielleux et dévots des amies de la veuve, il alla s'asseoir au chevet du lit de madame Crochard. La décence et une certaine retenue forcèrent les trois dames et la vieille Françoise de demeurer toutes quatre dans le salon à se faire des mines de douleur qu'il n'appartenait qu'à ces faces ridées de jouer avec autant de perfection qu'elles y en mettaient.

— Ah! c'est-y malheureux!... s'écria Françoise en poussant un soupir. Voilà pourtant la quatrième maîtresse que j'aurai le chagrin d'enterrer. La première m'a laissé cent francs de viager, la seconde cinquante écus, et la troisième mille écus de comptant... Après trente ans de service, voilà tout ce que je possède...

La domestique ayant, comme servante, le droit d'aller et venir, en profita pour sortir et se rendre dans un petit cabinet d'où elle pouvait entendre le prêtre.

— Je vois avec plaisir, disait M. Fontanon, que vous avez, ma fille, des sentimens de piété, car vous portez sur vous quelque sainte relique...

Madame Crochard fit un mouvement vague qui n'annonçait pas qu'elle eût tout son bon sens; car elle montra la croix impériale de la Légion-d'Honneur. L'ecclésiastique recula d'un pas; mais il se rapprocha bientôt de sa pénitente, qui s'entretint avec lui d'un ton si bas que Françoise fut quelque temps sans rien entendre. Mais tout-à-coup la vieille s'écria :

— Malédiction sur moi! ne m'abandonnez pas!..—Comment, monsieur l'abbé, vous croyez que j'aurai à répondre de l'âme de ma fille?...

L'ecclésiastique parlait trop bas et la cloison était trop épaisse pour que Françoise pût devenir aussi coupable qu'elle voulait l'être.

— Hélas! s'écria la veuve en pleurant, le scélérat ne m'a rien laissé dont je puisse disposer!... En prenant ma pauvre Caroline, il m'a séparée d'elle et ne m'a constitué que trois mille livres de rente, dont le fond appartient à ma fille...

Françoise se sauva et accourut au salon.

— Madame n'a que du viager!... dit-elle.

Les trois douairières se regardèrent avec un étonnement profond. Celle d'entre elles dont le nez et le menton prêts à se rejoindre annonçaient une sorte de supériorité d'hypocrisie et de finesse, cligna des yeux; puis quand Françoise eut tourné le dos, elle fit à ses deux amies un signe qui signifiait :

— Cette fille-là est une fine mouche... Elle a déjà été couchée sur trois testamens.

Alors les trois vieilles femmes restèrent.

L'abbé reparut bientôt, et quand il eut dit un mot, les douairières dégringolèrent de compagnie les escaliers après lui, en laissant Françoise seule avec sa maîtresse.

Madame Crochard, dont les souffrances redoublèrent cruellement, eut beau sonner en ce moment sa servante, celle-ci se contentait de crier :

— Eh ! on y va !... tout à l'heure.

Les portes des armoires et des commodes allaient et venaient comme si Françoise eût cherché un billet de loterie égaré.

Ce fut à l'instant où la crise atteignait son dernier période que mademoiselle de Bellefeuille arriva auprès du lit de sa mère pour lui prodiguer de douces paroles.

— Oh ! ma pauvre mère, que je suis criminelle !... Tu souffres, et je ne le savais pas ; mon cœur ne me le disait pas... mais me voici...

— Caroline !

— Quoi ?

— Elles m'ont amené un prêtre...

— Mais un médecin,... reprit mademoiselle de Bellefeuille. Françoise ?... un médecin. Comment ces dames n'ont-elles pas envoyé chercher le docteur ?

— Elles m'ont amené un prêtre,... reprit la vieille en poussant un soupir.

— Comme elle souffre !... et pas une potion calmante ! rien sur sa table...

La mère fit un signe indistinct, mais que l'œil pénétrant de Caroline devina, et elle se tut pour la laisser parler.

Elles m'ont amené un prêtre, soi-disant pour me confesser. — La souffrance obligea madame Crochard à faire une pause.

— Prends garde à toi, Caroline!... lui cria péniblement la vieille comparse par un dernier effort. Il est venu un prêtre qui m'a arraché le nom de ton bienfaiteur...

— Et qui a pu te le dire, ma pauvre mère?...

La vieille expira en essayant de prendre un air malicieux.

Si mademoiselle de Bellefeuille avait pu observer le visage de sa mère, elle eût vu ce que personne ne verra, — rire la mort.

—

Pour comprendre l'intérêt caché dans les cinq tableaux qui précèdent, il faut que l'imagination du lecteur les abandonne un moment, pour se prêter au récit d'évènemens bien antérieurs, mais dont le dernier vient se rattacher à la mort de madame Crochard.

Là les deux tableaux séparés n'en formeront plus qu'un, et le narrateur sera facilement absous d'avoir présenté une double histoire puisqu'elle existait véritablement en deux actions distinctes.

Le 30 mars 1806, un jeune homme, âgé de vingt-sept ans environ, descendait vers trois heures du matin le grand escalier de l'hôtel où demeurait l'archi-chancelier de l'empire. Arrivé dans la cour, il n'aperçut aucune voiture. Or, comme il était en culotte courte, en bas de soie, gilet, habit noirs, et qu'il faisait froid, il ne put s'empêcher de jeter une exclamation de douleur où perçait néanmoins cette gaieté qui abandonne rarement un Français.

Il regarda vainement à travers les grilles de l'hôtel, car il n'aperçut pas de fiacre, et n'entendit même pas dans le lointain le bruit des sabots et la voix enrouée d'un de ces Automédons nocturnes. Le silence était complet. Une seule voiture attendait. Elle appartenait au grand-juge, que le jeune homme venait de laisser achevant la bouillote de Cambacérès, de d'Aigrefeuille et de deux intimes de la maison.

Tout-à-coup le jeune homme se sentit frapper amicalement sur l'épaule. Il se retourna, et reconnut le grand-juge. Un laquais dépliait le marche-pied du carrosse ministériel, et l'ancien législateur devinant l'embarras du pauvre pèlerin, lui dit gaiement:

— La nuit tous chats sont gris. Un grand-juge ne se compromettra pas en mettant un avocat dans son chemin..... surtout, ajouta-t-il, s'il est le neveu d'un ancien collègue, l'une des lumières de ce grand conseil-d'état qui a donné le Code Napoléon à la France!...

Le jeune avocat sauta dans la voiture sur un geste du chef suprême de la justice; et le grand-juge y monta lestement. Mais avant que la portière ne fût refermée par le valet de pied qui attendait l'ordre :

— Où demeurez-vous ? demanda le ministre à l'avocat.

— Quai des Augustins, monseigneur.

— Au quai des Augustins, Joseph.

Les chevaux s'élancent, et voilà le jeune avocat en tête-à-tête avec un ministre auquel il n'avait pas pu adresser une seule parole pendant le somptueux dîner de Cambacérès, et qui avait même paru l'éviter pendant toute la soirée.

— Eh bien, monsieur *de* Grandville, vous êtes en assez beau chemin ?...

— Mais, tant que je serai à côté de Votre Excellence.....

— Non, je ne plaisante pas, dit gaiement le magistrat. Je sais que votre stage est terminé. Vous avez fort bien plaidé certaines causes embrouillées; et vous avez beaucoup plu ce soir à l'archi-chancelier. Vous vous destinez sans doute à la magistrature du parquet. Nous manquons de sujets. Le neveu d'un homme dont Cambacérès et moi sommes les amis, ne doit pas rester avocat faute de protection et de bienveillance, car votre oncle nous a aidés à traverser des temps bien orageux, jeune homme!..... et cela ne s'oublie pas!....

Le ministre se tut un moment, mais il reprit bientôt :

— Avant deux mois, il y aura trois places vacantes au tribunal et à la cour d'appel de Paris; vour choisirez celle qui vous conviendra, et alors vous viendrez me voir. — Jusque là travaillez, et ne venez pas vous présenter à mes audiences. — D'abord je suis accablé de travail, et puis, vos concurrens, sachant que vous êtes sur les rangs, vous nuiraient auprès du patron..... Si je ne vous ai pas dit un mot ce soir, c'était pour vous garantir des dangers de la faveur.

A peine le ministre avait-il achevé ces derniers mots, que la voiture s'arrêta sur le quai des Augustins. Le jeune avocat remercia avec une effusion de cœur assez vive son généreux protecteur des deux places qu'il lui avait accordées si à propos, et il se trouva à la porte de la plus belle maison du quai, frappant à coups redoublés, car la bise sifflait avec rigueur sur la soie qui couvrait ses mollets. Enfin un vieux portier tira le cordon, et quand l'avocat passa devant la loge :

— Monsieur Grandeville, monsieur Grandville!... cria une voix enrouée, il y a une lettre pour vous!

Le jeune homme la reçut; et, malgré le froid, il tâcha d'en lire l'écriture à la lueur d'un pâle réverbère dont la mèche était sur le point d'expirer.

— C'est de mon père! s'écria-t-il. Et, prenant son bougeoir que, d'une main tremblante, le portier avait fini par allumer, il monta rapidement dans son appartement pour y lire la lettre paternelle.

« Prends le courrier. Si tu peux arriver promptement ici, ta fortune est faite. Mademoiselle Angélique Bontems a perdu sa sœur; ainsi la voilà fille unique. Nous savons qu'elle ne te hait pas. Maintenant madame Bontems peut lui laisser aux environs de quarante mille francs de rente, outre ce qu'elle lui donnera en dot; j'ai donc préparé les voies. Tout le monde t'aime ici. Adieu.

» *P. S.* Nos amis s'étonneront peut-être de voir d'anciens nobles comme nous s'allier à la famille Bontems, dont le père a été un bonnet rouge foncé et qui a acheté à vil prix force biens nationaux. Mais d'abord sa veuve n'a que des prés de moines; et ensuite, puisque tu as déjà dérogé en te faisant avocat, je ne vois pas pourquoi nous reculerions devant une autre impertinence. La petite aura trois cent mille francs, je t'en donne deux cent; et, comme le bien de ta mère doit valoir cinquante mille écus ou à peu près, je te vois en passe, mon cher fils, si tu veux te jeter dans la magistrature, de devenir sénateur tout comme un autre. Mon beau-frère le conseiller d'état ne te donnera pas un coup de main pour cela, par exemple; mais, comme il n'est pas marié, sa succession te reviendra un jour. Si tu n'étais pas sénateur de ton chef, tu aurais sa survivance. De là tu seras juché assez haut pour voir venir les évènemens. Adieu, je t'embrasse. »

Le jeune de Grandville se coucha ce soir-là en faisant mille projets plus beaux les uns que les autres. Il lui fut impossible de dormir. Il se voyait puissamment protégé par l'archi-chancelier, par le grand-juge et par son oncle, l'un des rédacteurs du Code. A son âge il allait débuter, dans un poste envié, devant la première cour de l'empire; et il se voyait membre de ce parquet privilégié où l'empereur choisirait infailliblement les hauts fonctionnaires de l'état. De plus, à point nommé, il se présentait à lui une fortune assez brillante pour l'aider à soutenir son rang; car le chétif revenu de six mille livres que lui donnait une terre recueillie par lui dans la succession de sa mère allait probablement se changer en un revenu de trente mille francs.

Au milieu de ses jeunes rêves d'ambition et de bonheur, il faisait apparaître la figure naïve de mademoiselle Angélique Bontems, la compagne des jeux de son enfance. Tant qu'il n'avait eu que quinze ans, son père et sa mère ne s'étaient point opposés à son intimité avec la jolie fille de leur voisin de campagne; mais quand, pendant les courtes apparitions que les vacances lui permirent de faire à Bayeux, ses parens, entichés de noblesse, s'aperçurent de son amitié pour la jeune fille, ils lui avaient défendu de penser à elle.

Depuis dix ans Grandville n'avait donc pu voir que par momens celle qu'il nommait *sa petite femme*. Ces momens dérobés à l'active surveillance de leurs familles ne leur avaient laissé d'autre loisir que celui de se dire de vagues paroles, échangées en passant l'un devant l'autre dans une contredanse; et leurs plus beaux jours furent ceux où, réunis par l'une de ces fêtes champêtres nommées en Normandie *des assemblées*, ils avaient eu la faculté de s'examiner furtivement en perspective. Le jeune Grandville se rappelait même que, pendant ses deux dernières vacances, il n'avait vu que trois fois Angélique, dont le regard baissé et l'attitude triste lui firent juger qu'elle était courbée sous quelque despotisme inconnu.

Aussitôt que sept heures du matin sonnèrent, le bureau des Messageries de la rue Notre-Dame-des-Victoires fut pris d'assaut par le jeune avocat normand, et il trouva heureusement une place dans la voiture qui, à cette heure matinale, partait pour la ville de Caen.

Ce ne fut pas sans une émotion profonde que l'avocat stagiaire revit les clochers de la cathédrale de Bayeux. Aucune espérance de sa vie n'ayant encore été trompée, son cœur s'ouvrait à tous les sentimens doux qui agitent si naturellement de jeunes âmes.

Après le trop long banquet d'allégresse pour lequel il était attendu par son père et quelques amis, l'impatient jeune homme fut conduit vers une certaine maison située rue Teinture, et bien connue de lui. Le cœur lui battit avec force quand son père, que l'on continuait d'appeler à Bayeux le comte de Grandville, frappa rudement à une petite porte cochère toute basse, dont la peinture verte tombait par écailles. Il était environ quatre heures du soir.

Une jeune servante, coiffée d'un bonnet de coton, salua les deux arrivans par une révérence courte et vive, et répondit que ces dames allaient bientôt revenir de vêpres. Alors le comte et son fils entrèrent dans une salle basse servant de salon, et qui ressemblait assez à un parloir de couvent.

Des boiseries en noyer poli assombrissaient cette pièce autour de laquelle quelques chaises en tapisserie et d'antiques fauteuils étaient symétriquement rangés. La cheminée en pierre n'avait pour tout ornement qu'une glace verdâtre de chaque côté de laquelle sortaient les branches contournées de ces anciens candelabres fabriqués à l'époque de la paix d'Utrecht. Sur la boiserie qui faisait face à la cheminée, le jeune Grandville aperçut un énorme crucifix d'ébène et d'ivoire admirablement sculpté et entouré de buis bénit. La pièce était éclairée par trois croisées qui tiraient leur jour d'une petite cour et d'un jardin dont les carrés symétriques se dessinaient sur un sable jaune par de longues raies de buis. La sombre muraille, parallèle à ces croisées, était garnie de trois tableaux d'église, dus à quelque savant pinceau, et achetés sans doute pendant la révolution par le vieux Bontems, qui, en sa qualité de chef du district, ne s'était jamais oublié. Depuis le plancher soigneusement ciré, jusqu'aux rideaux de toile à carreaux verts, tout brillait d'une propreté monastique.

Involontairement le cœur du jeune homme se serra à l'aspect de la silencieuse retraite au sein de laquelle vivait Angélique. La continuelle habitation des brillans salons de Paris et le tourbillon des fêtes avaient facilement fait oublier à Grandville les existences sombres et paisibles de la province. Le contraste en était pour lui si subit en ce moment, qu'il éprouva une sorte de frémissement intérieur difficile à exprimer. Sortir d'une assemblée chez Cambacérès, où la vie se montrait si ample, les âmes si grandioses, où le reflet de l'éclat impérial était si puissant, et tomber tout-à-coup dans un cercle d'idées si étroites et si mesquines!... c'était être transporté d'Italie au Groënland. Aussi le jeune avocat se dit-il en examinant ce salon méthodique : — Vivre ici... ce n'est pas vivre.

Le vieux comte, s'apercevant de l'étonnement de son fils, alla le prendre par la main, l'entraîna devant une croisée d'où venait encore un peu de jour, et pendant que la servante allumait les vieilles bougies des flambeaux :

— Écoute, mon enfant : la veuve du père Bontems est furieusement dévote... Quand le diable devint vieux... tu sais... Je vois que l'air du bureau te fait faire la grimace; eh bien! voici le fait. La vieille femme est assiégée par les prêtres. Ils lui ont persuadé qu'il était toujours temps de gagner le ciel. Or, pour être plus sûre de saint Pierre et de ses clefs, elle les achète. Elle va à la messe tous les jours, entend tous les offices, communie tous les dimanches que Dieu fait, et s'amuse à restaurer les chapelles. Elle a donné à la cathédrale tant d'ornemens, d'aubes, de chapes, elle a chamarré le dais de tant de plumes, qu'à la procession de la dernière Fête-Dieu il y avait une foule dont tu ne peux pas avoir d'idée. Les prêtres étaient magnifiquement habillés, et toutes les croix dorées à neuf. Aussi, cette maison est une vraie terre-sainte. C'est moi qui ai empêché la vieille folle de donner ces trois tableaux : il y a là un Dominicain, un Raphaël et un André del Sarto, qui valent beaucoup d'argent...

— Mais Angélique?... demanda vivement le jeune homme.

— Angélique est perdue... dit le comte, si tu ne l'épouses pas. Nos bons apôtres lui ont conseillé de vivre vierge... et martyre. J'ai eu toutes les peines du monde à réveiller son petit cœur en lui parlant de toi, — quand je l'ai vue fille unique. Mais tu comprends aisément qu'une fois mariée, tu l'emmèneras à Paris ;

que là, les diamans, les modes, les fêtes, le mariage, la comédie, lui feront facilement oublier les confessionnaux, les jeûnes, les silices et les messes, dont ces saintes femmes-là se nourrissent exclusivement.

— Mais les cinquante mille livres de rente provenus des biens ecclésiastiques ne retourneront-ils pas ?...

— Nous y voilà ! s'écria le comte d'un air fin. En considération du mariage, car la vanité de madame Bontems n'a pas été peu chatouillée par l'idée d'enter les Bontems sur l'arbre généalogique des Grandville, la susdite mère donne sa fortune en toute propriété à la petite, ne s'en réservant que l'usufruit. Aussi le sacerdoce s'oppose-t-il à ton mariage. Mais j'ai fait publier les bans, tout est prêt, et en huit jours tu seras hors des griffes de la mère, ou de ses abbés, et tu posséderas la plus jolie fille de Bayeux, un petite commère qui ne te donnera pas de chagrin, parce que ça aura des principes. Elle a été mortifiée, comme ils disent dans leur jargon, par les jeûnes, les prières, et, ajouta-t-il d'un ton plus bas, par sa mère, qui est une dévote du grand style : elle est maigre, pâle, a les yeux enfoncés, ne regarde jamais en face... c'est tout dire.

Un coup frappé discrètement à la porte imposa silence au comte, qui crut voir entrer les deux dames. La porte du salon s'ouvrit. Un petit domestique à l'air affairé se montra ; mais, intimidé par l'aspect des deux personnages, il fit un signe à la bonne, qui vint auprès de lui. Il était vêtu d'un gilet de drap bleu à petites basques qui flottaient sur ses hanches, et d'un pantalon rayé, bleu et blanc. Il avait les cheveux coupés en rond, et sa figure ressemblait à celle d'un enfant de chœur, tant elle peignait cette componction forcée que contractent tous les habitans d'une maison dévote.

— Mademoiselle Gatienne, savez-vous où sont les livres particuliers de l'office de la Vierge ? Les dames de la congrégation du Sacré-Cœur vont faire ce soir une procession dans l'église.

Gatienne alla chercher les livres.

— Y en a-t-il encore pour long-temps, mon petit milicien ?... demanda le comte.

— Oh! pour une demi-heure au plus.

— Allons voir ça, il y a de jolies femmes !...

dit le père à son fils; et d'ailleurs cela ne peut pas nous nuire de nous trouver là...

Le jeune avocat suivit son père d'un air irrésolu.

— Qu'as-tu donc?... lui demanda le comte.
— J'ai, mon père... j'ai... que j'ai raison.
— Tu n'as encore rien dit.
— Oui, mais j'ai pensé que vous avez vingt mille livres de rente. Vous me les laisserez le plus tard possible, je le désire. — Mais, si vous me donnez deux cent mille francs pour faire un sot mariage, vous me permettrez de ne vous en demander que cent mille pour éviter un malheur, et jouir, tout en restant garçon, d'une fortune égale à celle que pourrait m'apporter votre demoiselle Bontems.
— Es-tu fou?...
— Non, mon père. Voici le fait : le grand-juge m'a promis avant-hier une place de dix mille francs. Vos cent mille francs, jointes à ce que je possède, me feront un revenu de vingt mille francs, et j'aurai à Paris des chances de fortune mille fois préférables à toutes celles que peut offrir une alliance aussi pauvre de bonheur qu'elle est riche en biens.

— On voit bien, répondit le père en souriant, que tu n'as pas vécu dans l'ancien régime! Tu saurais qu'on ne s'embarrasse jamais d'une femme!

— Mais, mon père, aujourd'hui le mariage est devenu...

— Ah ça! dit le comte en interrompant son fils, tout ce que mes vieux camarades d'émigration me chantent est donc bien vrai?... La révolution nous a donc légué des mœurs sans gaieté? Elle a donc empesté les jeunes gens de principes équivoques?... Tu parles donc, comme mon beau-frère le Jacobin, de nation, de morale publique, de désintéressement?... O mon Dieu! sans l'empereur et ses sœurs, que deviendrions-nous?...

Comme le vieux seigneur achevait ces paroles, son fils et lui entrèrent, en riant, sous les voûtes de la cathédrale. Ce vieillard encore vert, que les paysans de ses terres appelaient toujours le seigneur de Grandville, fredonna même un air de l'opéra de *Rose et Colas* en prenant de l'eau bénite. Il guida son fils le long des galeries latérales de la nef, en s'arrêtant à chaque pilier pour examiner dans l'église les rangées de têtes qui s'y trouvaient alignées comme des soldats à la parade.

L'office particulier du Sacré-Cœur allait commencer. Les dames qui faisaient partie de cette congrégation étant placées près du chœur, le comte et son fils se dirigèrent vers cette portion de la nef, et s'adossèrent à l'un des piliers les plus obscurs, d'où ils pouvaient apercevoir la masse entière de ces têtes qui faisaient ressembler l'église à une prairie émaillée de fleurs.

Tout-à-coup, à deux pas du jeune Grandville, une voix plus douce, qu'il ne semblait possible à une créature humaine de la posséder, détonna comme le premier rossignol qui chante après l'hiver. Ces accens, accompagnés de mille voix de femme, et fortifiés par les sons de l'orgue, arrivèrent insensiblement à une clarté si pure, que Grandville en frissonna, car cette voix faisait vibrer trop fortement son oreille et son cœur. Elle remuait ses nerfs, comme s'ils eussent été attaqués par ces notes trop riches et trop vives qu'on tire du cristal.

Il se retourna, et vit une jeune personne

dont la figure était, par suite de l'inclination de sa tête, entièrement ensevelie sous un large chapeau d'étoffe blanche ; mais il pensa que d'elle seule venait cette suave mélodie. Il crut reconnaître Angélique, malgré la pelisse de mérinos brun dont elle était enveloppée, et il poussa le bras de son père, qui, regardant alors de ce côté, lui dit à l'oreille :

— Oui, ce sont elles !...

Puis, le comte montra, par un geste, à son fils, le visage pâle d'une vieille femme, dont les yeux, fortement bordés d'un cercle noir, avaient déjà vu les étrangers sans que son regard faux eût paru s'être écarté du livre de prières qu'elle tenait.

Les parfums pénétrans de l'encens arrivant par nuages jusqu'aux deux femmes, Angélique leva la tête vers l'autel comme pour les aspirer; et alors, à la lueur mystérieuse que répandaient dans ce sombre vaisseau les cierges, la lampe de la nef et quelques bougies allumées aux piliers, le jeune homme aperçut une figure qui ébranla toutes ses résolutions.

Le blanc chapeau encadrait exactement un visage d'une admirable régularité, par l'ovale que décrivait le ruban de satin noué sous un petit menton à fossette. Sur un front de marbre, des cheveux, couleur d'or pâle, ne séparaient en deux bandeaux, et retombaient autour des joues comme l'ombre d'un feuillage sur une touffe de fleurs. Les deux arcs des sourcils étaient dessinés avec cette correction que l'on peut remarquer sur les belles figures chinoises. Le nez, presque aquilin, possédait une fermeté rare dans ses contours, et les deux lèvres ressemblaient à deux lignes roses qu'un pinceau délicat aurait tracées avec amour. Les yeux, d'un bleu pâle, exprimaient la candeur d'un cœur pur. Si Grandville aperçut une sorte de rigidité silencieuse sur ce calme visage, il n'en accusa pas la compagne de son enfance, l'attribuant aux sentimens de dévotion dont Angélique était alors animée.

Les saintes paroles de la prière passaient entre deux rangées de perles ; et comme le froid permettait de voir s'en échapper un nuage de parfums, involontairement le jeune homme essaya de se pencher pour respirer cette haleine divine. Ce mouvement attira l'attention de la jeune fille, et son regard fixe élevé vers l'autel ;

se tourna sur Grandville, que l'obscurité ne lui laissa voir qu'indistinctement, mais en qui elle reconnut le compagnon de son enfance, son prétendu..... Elle rougit, et un souvenir plus puissant que la prière vint donner un éclat surnaturel à son visage. L'avocat tressaillit de joie en voyant les espérances de l'amour vaincre les espérances de l'autre vie, et la gloire du sanctuaire éclipsée par un homme.

Le triomphe de Grandville eut cependant peu de durée. Angélique abaissa son voile, prit une contenance calme, puis elle se remit à chanter sans que le timbre de sa voix accusât la plus légère émotion. Le jeune avocat se trouva sous la tyrannie d'un seul désir, et toutes ses idées de prudence s'évanouirent. Quand l'office fut terminé, son impatience était déjà devenue si grande, que, sans laisser les deux dames retourner seules chez elles, l'amoureux Grandville vint aussitôt saluer son amie d'enfance.

Une reconnaissance, timide de part et d'autre, se fit sous le porche antique de la cathédrale, en présence des fidèles. Madame Bontems devint tremblante d'orgueil en prenant le bras de

M. de Grandville, qui, forcé de le lui offrir devant tant de monde, sut fort mauvais gré à son fils d'une impatience aussi peu décente.

Pendant environ quinze jours qui s'écoulèrent entre la présentation officielle du jeune vicomte de Grandville, comme prétendu de mademoiselle Angélique Bontems, et le jour solennel de son mariage, il vint assidûment trouver sa douce amie dans le sombre parloir, auquel il s'accoutuma. Ses longues visites eurent pour but d'épier le caractère d'Angélique; car la prudence de l'avocat s'était heureusement réveillée le lendemain de son entrevue avec sa future.

Il la surprenait presque toujours assise devant une petite table en bois de Sainte-Lucie, et occupée à marquer elle-même le linge qui devait composer son trousseau. Elle ne parla jamais la première de religion. Si le jeune avocat se plaisait à jouer avec le riche chapelet contenu dans un petit sac en velours vert, et s'il contemplait en riant la relique qui accompagne toujours cet instrument de dévotion, Angélique lui prenait doucement le chapelet des mains en lui jetant un regard suppliant; puis, sans mot dire, elle le remettait dans le sac qu'elle serrait aussitôt.

Si, parfois malicieusement, Grandville se hasardait à déclamer contre certaines pratiques de la religion, Angélique lui répondait avec un sourire bienveillant :

— Il ne faut rien croire, ou croire tout ce que l'Église enseigne. — Voudriez-vous d'une femme qui n'eût pas de religion?... Non. Eh bien, comment puis-je blâmer ce que l'Église admet? Quel homme oserait être juge entre les incrédules et Dieu qu'elle représente?...

La petite voix claire d'Angélique semblait alors animée par une si onctueuse charité, que le jeune avocat était tenté de croire à ce que sa prétendue croyait, en lui voyant tourner sur lui des regards si pénétrés. La conviction profonde où elle était de marcher dans le vrai sentier réveillait dans le jeune cœur de son fiancé des doutes dont elle savait s'emparer. L'amour embellissait ainsi de son prestige tous leurs pas, leurs discours et leurs regards. Angélique semblait heureuse d'acomplir un devoir en s'abandonnant à l'inclination qu'elle avait eue dès son enfance, et son prétendu était alors trop passionné pour s'apercevoir que si la religion n'avait pas permis à sa compagne de se livrer au sentiment qu'elle éprouvait, il se serait bientôt séché dans son cœur comme une plante arrosée d'un acide mortel.

Les jeunes gens sont tous disposés à se fier aux promesses d'un joli visage : ils concluent de la beauté de l'âme par celle des traits ; un sentiment indéfinissable les porte à croire que la perfection morale accompagne toujours la perfection physique. Telle fut l'histoire des sentimens du jeune Grandville, pendant cette quinzaine dévorée comme un livre intéressant dont on attend le dénouement. Angélique, attentivement épiée, lui parut la plus douce de toutes les femmes; et il se surprit même à rendre grâces à madame Bontems, qui, en lui inculquant si fortement des principes de religion, l'avait en quelque sorte façonnée aux peines du mariage.

Au jour choisi pour la signature du fatal contrat, madame Bontems fit sacramentalement promettre à son gendre de respecter les pratiques religieuses de sa fille, de lui donner une entière liberté de conscience, de la laisser communier, aller à l'église, à confesse, autant qu'elle le voudrait, et de ne jamais la contrarier dans le choix de ses directeurs.

En ce moment solennel, Angélique contemplait son futur d'un air si pur et si candide, qu'il n'hésita pas à se lier envers elle par un serment. Un sourire effleura les lèvres d'un homme pâle qui dirigeait les consciences de la maison. Mademoiselle Bontems fit un léger mouvement de tête comme pour répondre à son ami qu'elle n'abuserait jamais de cette promesse.

Quant au vieux comte, il sifflait tout bas l'air de : *Va-t-'en voir, s'ils viennent Jean!*....

Après quelques jours accordés aux fêtes données à l'occasion de son mariage, Grandville et sa femme, enfermés dans une bonne berline, voyageaient en poste vers Paris, où le jeune avocat était appelé par sa nomination aux fonctions de substitut du procureur-général près la cour impériale de la Seine.

Quand les deux époux cherchèrent un appartement, la petite femme employa l'influence qu'elle exerçait sur son mari pour le déterminer à prendre un grand appartement situé au rez-de-chaussée d'un hôtel qui faisait le coin de la Vieille-Rue-du-Temple et de la rue Neuve-Saint-François. La principale raison qu'elle donna de son affection, fut que cette maison était à deux pas de la rue d'Orléans, où il y avait une église, et voisine d'une petite chapelle, sise rue Saint-Louis.

— Il est d'une bonne ménagère, lui répondit son mari en riant, de faire des provisions!...

Elle remarqua avec justesse que le quartier du Marais avoisinait le Palais, et que tous les magistrats qu'ils venaient de visiter y demeuraient. Un jardin assez vaste donnait, pour un jeune ménage, du prix à l'appartement, car les enfans, *si le ciel leur en envoyait*, pourraient y prendre l'air. La cour en était spacieuse et les écuries très belles. Le substitut, qui aurait désiré habiter un hôtel de la Chaussée-d'Antin, où tout est jeune et vivant, où les modes apparaissent dans leur nouveauté, où la population des boulevards est élégante, d'où il y a moins de chemins à faire pour gagner les spectacles et trouver des distractions, fut obligé de céder aux patelineries d'une jeune femme, qui réclamait une première grâce; et pour lui complaire, il s'enterra au Marais.

Comme les fonctions que Grandville avait à remplir nécessitèrent tout d'abord un travail d'autant plus assidu, qu'il était aussi épineux que nouveau pour lui, il s'occupa, très activement et avant tout, de l'ameublement de son cabinet et de l'emménagement de sa bibliothèque.

Il s'installa promptement dans une pièce, qui fut bientôt encombrée de dossiers, et laissa sa jeune femme diriger en toute liberté la décoration de la maison. Il était enchanté de jeter Angélique dans l'embarras charmant de ces premières acquisitions de ménage, source de tant de plaisirs et de souvenirs pour les jeunes femmes; car il se sentait honteux de la priver de sa présence plus souvent que ne le voulaient les douces lois de la lune de miel.

Au bout d'une quinzaine de jours, le substitut, qui s'était promptement mis au fait de son travail, permit à sa femme de le prendre par le bras, de le tirer hors de son cabinet, et de l'emmener pour examiner l'effet des ameublemens et des décorations qu'il n'avait encore vus qu'en détail et par parties. S'il est vrai, d'après un adage, qu'on peut juger une maîtresse de maison en voyant le seuil de la porte, les appartemens doivent en traduire l'esprit avec encore plus de fidélité.

Soit que madame de Grandville eût mis sa confiance en des tapissiers sans goût, soit qu'elle eût inscrit son propre caractère dans un ordre de choses qui procédât d'elle seule, le substitut fut tout surpris de la sécheresse dont son âme se trouva comme flétrie quand il eu parcouru ses appartemens.

Il n'y aperçut rien de gracieux, tout y était discord, et rien n'y récréait les yeux. L'esprit de rectitude et de petitesse qui avait présidé au parloir de Bayeux semblait revivre dans son hôtel sous de larges lambris circulairement creusés et ornés de ces arabesques dont les longs filets contournés sont de si mauvais goût.

Dans le désir d'excuser sa femme, le jeune homme revint sur ses pas. Il examina de nouveau la longue antichambre haute d'étage par laquelle on entrait dans l'appartement. La couleur des boiseries, demandée au peintre par sa femme, était trop sombre, et le velours d'un vert très foncé qui couvrait les banquettes ajoutait au sérieux de cette pièce, peu importante, il est vrai, mais qui donne toujours l'idée d'une maison, de même qu'on juge un homme sur sa première visite. Elle doit tout annoncer, et cependant ne rien promettre. C'est une espèce de préface.

Le jeune substitut se demanda qui avait pu choisir la lampe à lanterne antique qui se trouvait au milieu de cette salle nue, pavée d'un marbre blanc et noir, et décorée d'un papier qui figurait des assises de pierres sillonnées çà et là de mousse verte. Un baromètre élégant était accroché au milieu d'une des parois, comme pour en mieux faire sentir le vide.

A cet aspect, le jeune homme regarda sa femme. Il la vit si contente des galons rouges qui bordaient les rideaux de percale du baromètre et de la statue décente dont un grand poêle gothique était orné, qu'il n'eut pas le barbare courage de détruire une illusion si fortement établie chez elle.

Au lieu de condamner sa femme, Grandville se condamna lui-même. Il s'accusa d'avoir manqué à son premier devoir qui lui ordonnait de guider à Paris les premiers pas d'une jeune fille élevée rue Teinture.

Il est facile de deviner par cet échantillon la décoration des autres pièces.

Que pouvait-on attendre d'une jeune femme qui prenait l'alarme en voyant les jambes nues d'une cariatide, qui repoussait avec vivacité un candelabre, un flambeau, un meuble, dès qu'elle y apercevait la nudité d'un torse égyptien? A cette époque l'école de David étant à l'apogée de sa gloire, tout se ressentait en France de la correction de son dessin et de son amour pour les formes antiques qui faisait en quelque sorte de sa peinture une sculpture coloriée. Aucune de toutes les inventions du luxe impérial ne put donc obtenir droit de bourgeoisie chez madame de Grandville.

Le grand et immense salon carré de son hôtel conserva le blanc et l'or fanés dont il fut orné au temps de Louis XV. On y voyait partout des grilles en losanges et ces insupportables festons dus à la fécondité stérile des crayons de cette époque.

Si tout, chez elle, avait été en harmonie, si les meubles eussent fait affecter à l'acajou moderne les formes contournées mises à la mode par le goût corrompu de Boucher, sa maison n'aurait offert que le plaisant contraste de jeunes gens vivant au dix-neuvième siècle comme s'ils eussent appartenu au dix-huitième ; mais une foule de choses y étaient en discord. Les consoles, les pendules, les flambeaux représentaient ces attributs guerriers dont Paris était comme inondé en ce moment ; et, les casques grecs, les épées romaines croisées, les boucliers dus à l'enthousiasme militaire de l'empire et qui décoraient les meubles les plus pacifiques, ne s'accordaient guère avec les arabesques délicates et prolixes dont madame de Pompadour fut charmée.

La dévotion porte à je ne sais quelle humilité fatigante qui n'exclut pas l'orgueil, et soit modestie, soit penchant, madame de Grandville semblait avoir horreur des couleurs douces et claires. Peut-être aussi avait-elle pensé que la pourpre et le brun convenaient à la dignité du magistrat.

Mais, au surplus, comment une jeune fille accoutumée à une vie austère aurait-elle pu concevoir ces voluptueux divans qui donnent de mauvaises pensées, ces boudoirs élégans et perfides qui ébauchent les péchés?... Le pauvre substitut était désolé...

Au ton d'approbation par lequel il souscrivait aux éloges que sa femme se donnait elle-même, elle s'aperçut que rien ne plaisait à son mari. Elle manifesta tant de chagrin de n'avoir pas réussi, que l'amoureux Grandville vit une preuve d'amour dans cette peine profonde, au lieu d'y voir une blessure d'amour-propre. Il pensa qu'une jeune fille subitement arrachée à la médiocrité des idées de province, et inhabile à sentir l'influence d'un art qui lui était inconnu, n'avait pu mieux faire. Il préféra croire que les choix de sa femme avaient été dominés par les fournisseurs, plutôt que de s'avouer la vérité. Moins amoureux, il aurait senti que les marchands, prompts à deviner l'esprit de leurs chalands, avaient béni le ciel de leur avoir envoyé une jeune dévote sans goût, pour les aider à se défaire des choses passées de mode. Bref, il consola sa jolie Normande.

— Le bonheur, ma chère Angélique, ne nous vient pas d'un meuble plus ou moins joli;

il dépend de la douceur, de la complaisance, et de l'amour d'une femme.

— Mais c'est mon devoir de vous aimer... reprit doucement Angélique ; et, ajouta-t-elle, jamais devoir ne me plaira tant à accomplir.

La nature a mis dans le cœur de la femme un tel désir de plaire, un tel besoin d'amour, que, même chez une jeune dévote, les idées d'avenir et de salut peuvent succomber sous les premières joies de l'hyménée ; alors, depuis le mois d'avril, époque à laquelle ils s'étaient mariés, jusqu'au commencement de l'hiver, les deux époux vécurent dans une parfaite union.

L'amour et le travail ont la vertu de rendre un homme assez indifférent aux choses extérieures. M. de Grandville, obligé de passer au Palais la moitié de la journée, appelé à débattre les graves intérêts de la vie ou de la fortune des hommes, était moins susceptible qu'un autre d'apercevoir certaines choses dans l'intérieur de son ménage. Si, le vendredi, sa table se trouvait exclusivement servie en maigre ; et si, par hasard, il demandait pourquoi aucun plat de viande n'y apparaissait, sa femme, à laquelle l'évangile interdisait tout mensonge, savait, par mille petites ruses, permises dans l'intérêt de la religion, rejeter son dessein prémédité, ou sur son étourderie, ou sur le dénuement des marchés, et même elle se justifiait aux dépens du cuisinier, qu'elle allait quelquefois jusqu'à gronder.

Ainsi elle faisait faire à son mari son salut incognito, car les jeunes magistrats n'étaient pas à cette époque aussi instruits qu'aujourd'hui des jours maigres, des quatre-temps, et des veilles de fête. Or, comme M. de Grandville n'apercevait rien de régulier dans le retour de ces repas servis en maigre, et que sa femme avait le soin perfide de les rendre très délicats au moyen de sarcelles, de poules d'eau, de pâtés au poisson, dont les chairs amphibies et l'assaisonnement trompaient le goût, le substitut vécut très orthodoxement sans le savoir.

Les jours ordinaires, il ne savait pas si sa femme allait ou non à la messe; et les dimanches, il avait la condescendance assez naturelle de l'accompagner à l'église; car il lui savait beaucoup de gré de la voir lui sacrifier quelquefois les vêpres. Les spectacles étant insupportables en été à cause des chaleurs,

Grandville n'eut pas même l'occasion d'une pièce à succès pour proposer à sa femme de la mener à la comédie, et cette grave question ne fut pas agitée.

Enfin (s'il est permis de s'occuper d'un sujet aussi délicat), dans les premiers momens d'un mariage auquel un homme a été déterminé par la beauté d'une jeune fille, il est difficile qu'il se montre exigeant dans ses plaisirs. La possession seule est un charme. Comment s'apercevrait-on de la froideur, de la dignité ou de la réserve d'une femme, quand on lui prête l'exaltation que l'on ressent, quand elle se colore du feu dont on est animé? Il faut arriver à une certaine tranquillité de jouissance pour voir qu'une dévote attend l'amour les bras croisés. Grandville se trouva donc assez heureux, jusqu'au moment où un évènement funeste vint influer sur les destinées de son mariage.

Au mois de novembre 1807, le chanoine de la cathédrale de Bayeux, qui jadis dirigeait les consciences de madame Bontems et de sa fille, vint à Paris, amené par l'ambition de parvenir à une des cures de la capitale, poste qu'il envisageait peut-être comme le marche-pied d'un évêché. En ressaisissant tout l'empire qu'il avait eu sur son ouaille, il frémit de la trouver déjà si changée par l'air de Paris.

Madame de Grandville fut saisie de frayeur aux remontrances de l'ex-chanoine, homme de trente-huit ans environ, qui apportait au milieu du clergé de Paris, si tolérant et si éclairé, cette âpreté du catholicisme de la province, cette implacable rigidité de maximes et cette inflexible bigoterie dont les exigences multipliées sont autant de liens qui retiennent puissamment les âmes timorées dans une voie bien peu semblable à celle de l'évangile.

Il serait fatigant et superflu de peindre avec exactitude les divers incidens qui, insensiblement, amenèrent le malheur au sein de ce ménage. Il suffira peut-être de raconter les principaux traits, sans les ranger scrupuleusement par époque et par ordre.

Cependant la première mésintelligence fut assez frappante.

Quand M. de Grandville mena sa femme dans le monde, elle ne fit aucune difficulté d'aller aux réunions graves, aux dîners, aux concerts, aux assemblées des magistrats placés au-dessus de son mari par la hiérarchie judiciaire; mais elle sut, pendant quelque temps, prétexter des migraines toutes les fois qu'il s'agissait d'un bal. Un jour Grandville, impatienté de ces indispositions de commande, supprima la lettre qui annonçait un bal chez un conseiller d'état; et, trompant sa femme par une invitation verbale, il la mena, un soir que sa santé n'avait rien d'équivoque, au milieu d'une fête magnifique.

— Ma chère, lui dit-il au retour du bal, en lui voyant un air triste dont il s'offensa, votre condition de femme, le rang que vous occupez dans le monde et la fortune dont vous jouissez, vous imposent des obligations qu'aucune loi divine ne saurait abroger. — N'êtes-vous pas la gloire de votre mari? Vous devez donc venir au bal quand j'y vais, et y paraître convenablement.

— Mais, mon ami, qu'avait donc ma toilette de si malheureux?

— Il s'agit de votre air, ma chère. Quand un jeune homme vous parle et vous aborde, vous devenez si sérieuse qu'un plaisant pourrait croire que votre vertu est fragile. Vous semblez craindre qu'un sourire ne vous compromette. Vous aviez vraiment l'air de prier Dieu pour tous les péchés véniels qui pouvaient se commettre, ce soir. Le monde, mon cher ange, n'est pas un couvent. Mais, puisque tu parles de toilette, je t'avouerai que c'est aussi un devoir pour toi de suivre les modes et les usages du monde.

— Voudriez-vous que je montrasse ma gorge comme ces femmes effrontées qui se décollettent de manière à laisser plonger des regards impudiques sur leurs épaules nues, sur...?

— Il y a de la différence, ma chère, dit le substitut en l'interrompant, entre découvrir tout le buste, et donner de la grâce à son corsage!... Vous avez un triple rang de ruches de tulle qui vous enveloppent le cou jusqu'au menton. Il semble que vous ayez sollicité votre couturière d'ôter toute forme gracieuse à vos blanches épaules et aux contours de votre sein, avec autant de soin qu'une coquette en met à obtenir de la sienne des robes qui dessinent les formes les plus secrètes. Votre buste est enseveli sous des plis si nombreux, que tout le monde s'en moquait; et vous souffririez si je vous rapportais les discours saugrenus que l'on a tenus sur vous.

— Ceux à qui ces obscénités plaisent ne seront pas chargés du poids de nos fautes!... dit la jeune femme d'une manière sentencieuse.

— Vous n'avez pas dansé?... demanda Grandville.

— Je ne danserai jamais!... répliqua-t-elle.

— Si je vous disais que vous devez danser?... reprit vivement le magistrat, et suivre les modes, porter des fleurs dans vos cheveux, vous faire faire des parures, mettre des diamans... Songez donc, ma belle, que les gens riches, et -nous le sommes, sont obligés d'entretenir le luxe dans un état! — Il vaut mieux faire prospérer les manufactures que de répandre son argent en aumônes par des mains étrangères...

La discussion devint très aigre. Madame Grandville mit dans ses réponses toujours douces et prononcées d'un même son de voix aussi clair que celui d'une sonnette d'église, un entêtement qui annonçait une influence sacerdotale.

Quand, réclamant ses droits, elle prononça

que son confesseur lui avait spécialement défendu d'aller au bal, le magistrat essaya de lui prouver que ce prêtre outrepassait les règlemens de l'Église.

Cette dispute odieuse, théologique, fut renouvelée avec beaucoup plus de violence et d'aigreur de part et d'autre, quand M. de Grandville voulut mener sa femme au spectacle. Enfin, le magistrat, dans le seul but de battre en brèche la pernicieuse influence que l'ex-chanoine exerçait sur sa femme, engagea la querelle de manière à ce que madame de Grandville, défiée par lui, écrivit en cour de Rome, sur la question de savoir si une femme pouvait, sans compromettre son salut, se décolleter, aller au bal et au spectacle, pour complaire à son mari.

La réponse du vénérable Pie VII ne se fit pas long-temps attendre. Elle condamnait hautement la résistance de la femme, blâmait le confesseur; et cette lettre, véritable catéchisme conjugal, semblait avoir été dictée par la voix tendre de Fénelon dont elle respirait la grâce et la douceur.

« Une femme est bien partout où elle se

trouve quand elle est conduite par son époux. Si elle commet des péchés par son ordre, ce ne sera pas à elle à en répondre un jour. »

Ces deux passages de l'homélie du pape le firent accuser d'irréligion par madame de Grandville et son confesseur. Mais avant que le bref n'arrivât, le substitut s'était aperçu de la stricte observance des lois ecclésiastiques que sa femme lui faisait garder les jours maigres. Il ordonna à ses gens de lui servir du gras toute l'année ; et, tel déplaisir que cet ordre causât à sa femme, M. de Grandville, qui se souciait peu de faire gras ou maigre, le maintint avec une fermeté virile.

En effet la moindre créature vivante et pensante est blessée dans ce qu'elle a de plus cher, quand elle accomplit, par l'instigation d'une autre volonté que la sienne une chose qu'elle était naturellement portée à exécuter. De toutes les tyrannies, la plus odieuse est celle qui ôte perpétuellement à une âme le mérite de ses actions et de ses pensées. On abdique sans avoir régné. La parole la plus douce à prononcer, le sentiment le plus doux à exprimer, expirent quand nous les croyons commandés, et plutôt que de renoncer à sa volonté on se jette dans un sentiment contraire ; car entre mourir ou se couper un membre, personne n'hésite.

Bientôt le jeune magistrat devait renoncer à recevoir ses amis, à donner une fête ou un dîner : sa maison semblait s'être couverte d'un crêpe.

Une maison dont la maîtresse est dévote prend un aspect tout particulier. Les domestiques, toujours placés sous la surveillance de la femme, ne sont choisis que parmi ces personnes soi-disant pieuses qui ont des figures à elles. De même que le garçon le plus jovial, entré une fois dans la gendarmerie, aura le visage gendarme, de même les gens qui s'adonnent aux pratiques de la dévotion contractent un caractère de physionomie uniforme. L'habitude de baisser les yeux, de garder une attitude de componction, les revêt d'une livrée hypocrite que les fourbes savent prendre à merveille. Puis les dévotes forment une république : elles se connaissent toutes ; et les domestiques dont elles se servent sont comme une race à part qu'elles conservent à l'instar de ces amateurs de chevaux, qui n'en admettent pas un dans leurs écuries dont l'extrait de naissance ne soit en règle.

Alors plus les prétendus impies viennent examiner une maison dévote, et plus ils reconnaissent que tout y est empreint de je ne sais quelle disgrâce. Ils y trouvent tout à la fois, une apparence d'avarice et de mystère comme chez les usuriers, et l'humidité parfumée d'encens qui règne dans les chapelles. Cette régularité mesquine, cette pauvreté d'idées, que tout trahit, ne s'exprime que par un seul mot, et ce mot est : — *bigoterie*. Dans ces sinistres et implacables maisons, la bigoterie se peint dans les meubles, dans les gravures, dans les tableaux ; le parler y est bigot ; le silence, bigot, et les figures, bigotes. La transformation des choses et des hommes en bigoterie est un mystère inexplicable, mais le fait est là. Chacun peut avoir observé que les bigots ne marchent pas, ne s'asseyent pas, ne parlent pas, comme marchent, s'asseyent et parlent les gens du monde. Chez eux l'on est gêné ; chez eux, l'on ne rit pas ; chez eux la raideur, la symétrie, règnent en tout, depuis le bonnet de la maîtresse de la maison, jusqu'à une pelote à épingles. Les regards n'y sont pas francs, les gens y semblent des ombres, et la dame du logis paraît assise sur un trône de glace.

Un matin le pauvre Grandville remarqua avec douleur et tristesse tous les symptômes de la bigoterie dans sa maison, il y a, de par le monde, certaines sociétés où les mêmes effets existent, sans être produits par les mêmes causes. L'ennui trace autour de ces maisons malheureuses un cercle d'airain, où il renferme l'horreur du désert et l'infini du vide. Alors un ménage n'est pas un tombeau, c'est pis, c'est un couvent.

Au sein de cette sphère glaciale le magistrat considéra sa femme sans passion. Alors il remarqua avec une vive peine l'étroitesse d'idées que trahissait la manière dont les cheveux étaient implantés sur le front bas et légèrement creusé d'Angélique. Il aperçut dans la régularité si parfaite des traits de son visage je ne sais quoi d'arrêté et de rigide qui lui rendit bientôt haïssable la feinte douceur par laquelle il avait été séduit. Il devinait qu'un jour ces lèvres minces pourraient dire : — C'est pour ton bien, mon ami!... quand un malheur arriverait.

La figure de madame de Grandville avait pris une teinte blafarde et une expression sérieuse qui tuait la joie chez les autres. Ce changement était-il opéré par les habitudes ascétiques d'une dévotion qui n'est pas plus la piété que l'avarice n'est la charité? ou était-il produit par la sécheresse naturelle de son âme?... Il serait difficile de prononcer. Peut-être sa divine beauté était-elle une illusion. En effet, l'imperturbable sourire par lequel elle contractait son visage en regardant Grandville paraissait être, chez elle, une formule jésuitique de bonheur par laquelle elle croyait satisfaire à toutes les exigences du mariage. Enfin, sa charité blessait, sa beauté sans passion paraissait une monstruosité à celui qui la connaissait, et il n'y avait pas jusqu'à la plus douce de ses paroles qui n'impatientât. Elle n'obéissait pas à des sentimens, mais à des devoirs.

Il y a des défauts qui, chez une femme, peuvent céder aux leçons fortes données par l'expérience ou par un mari; mais rien ne peut combattre la tyrannie des fausses idées religieuses. Une éternité bienheureuse à conquérir, mise en balance avec un plaisir mondain, triomphe de tout, fait tout supporter. C'est l'égoïsme divinisé, c'est le *moi* par-delà le tombeau. Aussi le pape fut-il condamné au tribunal de l'infaillible chanoine et de la jeune dévote; car ne pas avoir tort est un des sentimens qui remplacent tous les autres chez ces âmes despotiques.

Depuis quelque temps, il s'était établi un secret combat entre les idées des deux époux, et le jeune magistrat se fatigua bientôt d'une lutte qui ne devait jamais cesser. Et, en effet, quel homme, quel caractère peut résister à la vue d'un visage amoureusement hypocrite, et à une représentation catégorique opposée aux moindres volontés? Quel parti prendre contre une femme qui se fait une arme de votre passion en faveur de son insensibilité, qui est résolue à rester doucement inexorable, qui se prépare à jouer le rôle de victime avec délices, qui regarde un mari comme un instrument de Dieu, comme un mal dont les atteintes lui éviteront le purgatoire?

Quelles sont les peintures par lesquelles on

pourrait donner l'idée de ces femmes qui font haïr la vertu en outrant les plus doux préceptes d'une religion que saint Jean résumait par: Aimez-vous !..... Existait-il dans un magasin de modes un seul chapeau condamné à rester en étalage ou à partir pour les îles, Grandville était sûr de voir sa femme s'en parer. S'il se fabriquait une étoffe d'une couleur ou d'un dessin malheureux, elle s'en affublait; car ces pauvres dévotes sont désespérantes dans leurs toilettes; et le manque de goût est un des défauts qui sont inséparables de la fausse dévotion.

Ainsi dans cette intime existence qui veut le plus d'expansion, Grandville était sans compagne. Il allait seul dans le monde, dans les fêtes, au spectacle; car rien chez lui ne sympathisait avec lui. Un grand crucifix placé entre le lit de sa femme et le sien, était là comme le symbole de sa destinée. Ne représentait-il pas une divinité mise à mort, un homme-dieu tué dans toute la beauté de la vie et de la jeunesse? L'ivoire de cette croix n'était pas plus froid qu'Angélique crucifiant son mari au nom de la vertu; car ce fut entre leurs deux lits séparés que naquit le malheur. Là Angélique ne voyait que des devoirs dans les plaisirs de l'hyménée ; et là, s'était levée, un soir, l'observance des jeûnes, pâle et livide figure qui, un certain mercredi des cendres, avait d'une voix brève ordonné un carême complet, sans que M. de Grandville eût jugé convenable d'écrire cette fois au pape, afin d'avoir l'avis du consistoire, sur la manière d'observer le carême, les quatre-temps et les veilles de grande fête.

Le malheur du jeune substitut était immense; car il ne pouvait même pas se plaindre. Qu'avait-il à dire ?... Il possédait une femme, jeune, jolie, attachée à ses devoirs, vertueuse, le modèle de toutes les vertus !... Elle accouchait chaque année d'un enfant, elle les nourrissait tous elle-même et les élevait dans les meilleurs principes. Elle était charitable, c'était un ange.

Les vieilles femmes qui composaient la société au sein de laquelle elle vivait (car à cette époque les jeunes dames ne s'étaient pas encore avisées de se lancer par ton dans la haute dévotion), admiraient toutes le dévouement de madame Grandville, et la regardaient, sinon comme une vierge, au moins comme une martyre. Elles accusaient non pas les scrupules de la femme, mais la barbarie procréatrice du mari.

Insensiblement M. de Grandville, accablé de travail, sevré de plaisirs et fatigué du monde où il errait solitaire, tomba à trente-deux ans dans le plus affreux marasme. La vie lui était odieuse. Ayant une trop haute idée des obligations que lui imposait sa place, pour donner l'exemple d'une vie irrégulière; il essaya de s'étourdir par de grands travaux, et entreprit alors un grand ouvrage sur le droit. Mais il ne jouit pas long-temps de cette tranquillité monastique sur laquelle il avait cru qu'il lui serait au moins permis de compter.

Quand sa femme le vit déserter les fêtes du monde, et travailler chez lui avec une sorte de régularité, elle essaya de le convertir, car un véritable chagrin pour elle était de savoir son mari persister dans des opinions peu chrétiennes. Elle pleurait quelquefois en pensant que si son époux venait à périr, il mourrait dans l'impénitence finale, sans que jamais elle pût espérer de l'arracher aux flammes éternelles de l'enfer.

Alors M. de Grandville fut en butte aux petites idées, aux raisonnemens vides, aux étroites pensées par lesquelles sa femme, qui croyait avoir remporté une première victoire, voulut essayer d'en obtenir une seconde en le ramenant dans le giron de l'église. Ce fut là le dernier coup.

Quoi de plus affligeant que ces luttes sourdes, dont on peut toujours se faire une idée en se figurant un entêtement de dévote aux prises avec la raison éclairée d'un magistrat? Quel plaisir prendrait-on à ces aigres pointilleries auxquelles les gens passionnés préfèrent des coups de poignard? M. de Grandville déserta sa maison, où tout lui était insupportable. Ses enfans, courbés sous le despotisme froid de leur mère, n'osaient pas suivre leur père au spectacle, et Grandville ne pouvait leur procurer des plaisirs dont leur terrible mère savait toujours les punir.

Cet homme si aimant fut amené à une indifférence, à un égoïsme pire que la mort. Il sauva du moins ses fils de cet enfer en les mettant de bonne heure au collége, et se réservant le droit de les faire sortir. Il intervenait rarement entre la mère et les filles ; mais il était résolu de les marier aussitôt qu'elles atteindraient l'âge de nubilité. S'il avait voulu prendre un parti violent, rien ne l'aurait justifié ; et sa femme, ayant pour elle un formidable cortége de douairières, l'eût fait condamner par la terre entière. Alors Grandville n'eut d'autre ressource que de vivre dans un isolement complet. Mais courbé sous la tyrannie du malheur, ses traits flétris par le chagrin et par les travaux lui déplaisaient à lui-même, et il redoutait même le sourire des femmes du monde, auprès desquelles il désespérait de trouver des consolations.

L'histoire didactique de ce triste ménage n'offrit pendant les treize années qui s'écoulèrent de 1807 à 1821, aucune scène digne d'être rapportée.

Madame de Grandville resta exactement la même du moment où elle perdit le cœur de son mari, que pendant les jours où elle se disait heureuse. Elle fit des neuvaines pour prier Dieu et les saints de l'éclairer sur les défauts qui avaient déplu à son époux et de lui enseigner les moyens de ramener la brebis égarée ; mais plus ses prières avaient de ferveur, et moins Grandville paraissait au logis. Depuis cinq ans environ, le magistrat qui avait obtenu, depuis la restauration, de hautes fonctions dans le gouvernement, s'était logé à l'entresol de son hôtel, pour éviter de vivre avec la comtesse de Grandville.

Chaque matin il se passait une scène qui, s'il en faut croire les médisances du monde, se répète au sein de plus d'un ménage où elle est produite par certaines incompatibilités d'humeur, par des maladies morales ou physiques, ou par des travers qui conduisent bien des mariages aux malheurs retracés dans cette histoire.

Sur les huit heures du matin, une femme de chambre, qui ressemblait assez à une religieuse, venait sonner à l'appartement du comte de Grandville. Introduite dans le salon qui précédait le cabinet du magistrat, elle redisait au valet de chambre, et toujours du même ton, le message de la veille :

— Madame fait demander à M. le comte s'il a bien passé la nuit, et s'il lui fera le plaisir de déjeûner avec elle.

— Monsieur, répondait le valet de chambre, après avoir été parler à son maître, présente ses hommages à madame la comtesse, et la prie d'agréer ses excuses. Une affaire importante l'oblige à se rendre au Palais.

Un instant après, la femme de chambre se présentait de nouveau, et demandait de la part de madame si elle aurait le bonheur de voir M. le comte avant son départ.

— Il est parti! répondait le valet, tandis que parfois le cabriolet était encore dans la cour.

Ce dialogue par ambassadeur devint un cérémonial quotidien. Le valet de chambre de Grandville, qui, favori de son maître, causait plus d'une querelle dans le ménage par son irréligion et le relâchement de ses mœurs, se rendait même assez souvent par forme dans le cabinet où son maître n'était pas, et revenait faire les réponses d'usage.

L'épouse affligée guettait quelquefois le retour de son mari, et se mettait sur le perron afin de se trouver sur son passage. Elle arrivait devant lui comme un remords. La taquinerie vétilleuse qui anime les caractères monastiques faisait le fond de celui de madame de Grandville, qui, alors âgée de trente-cinq ans, paraissait en avoir quarante.

Quand Grandville, obligé par le décorum, adressait la parole à sa femme, ou restait à dîner au logis, elle triomphait de lui faire subir et sa présence, et ses discours aigres-doux, et l'insupportable ennui de sa société bigote. Elle essayait de le mettre en faute devant ses gens et ses charitables amies.

La présidence d'une cour royale ayant été offerte au comte de Grandville, dont la famille était très bien en cour, il l'avait refusée en priant le ministère de le laisser à Paris. Ce refus, dont les raisons étaient inconnues, donna lieu aux intimes amies et au confesseur de la comtesse de faire les plus bizarres conjectures. Grandville avait près de cent mille livres de rente. Il appartenait à l'une des meilleures maisons de la Normandie. Sa nomination à une présidence était un échelon pour arriver à la pairie. D'où venait ce peu d'ambition? D'où venait l'abandon de son grand ouvrage sur le droit? D'où venait cette dissipation qui, depuis près de six années, l'avait rendu étranger à sa maison, à sa famille, à ses travaux, à tout ce qui devait lui être cher?...

Le confesseur de la comtesse, qui, pour parvenir à un évêché, comptait autant sur l'appui des maisons où il avait accès que sur les services rendus à une congrégation dont il était l'un des plus ardens propagateurs, se trouva désappointé par le refus de Grandville.

Il se prit à dire, sous la forme de suppositions, que, si M. le comte avait tant de répugnance à venir en province, c'était peut-être à cause de la nécessité où il serait d'y mener une conduite régulière; que, obligé de donner l'exemple des bonnes mœurs, il serait contraint d'y vivre avec la comtesse, de laquelle une passion illicite pouvait seule l'éloigner, et qu'il fallait être aussi pure que l'était madame de Grandville pour se refuser à reconnaître les dérangemens survenus dans la conduite de son mari...

Les bonnes amies trouvèrent ces suppositions si lucides, qu'elles les transformèrent en vérités.

Madame de Grandville fut frappée comme d'un coup de foudre. N'ayant aucune idée du monde ni de ses mœurs, de l'amour ni de ses folies, elle n'avait jamais pensé que le mariage pût comporter des incidens différens de ceux qui avaient eu lieu entre elle et Grandville. Elle croyait son mari incapable de ce qu'elle considérait comme un crime; et, quand il ne réclama plus rien d'elle, elle avait imaginé que le calme dont il paraissait jouir était dans la nature. Enfin, comme elle lui avait donné tout ce que son cœur pouvait renfermer d'affection pour un homme, et que les conjectures de son confesseur ruinaient complètement les illusions dont elle s'était nourrie jusqu'en ce moment, elle prit la défense de son mari, et voulut le justifier aux yeux des autres, mais sans pouvoir détruire le soupçon qui venait de se glisser dans son âme. Ces appréhensions causèrent de tels ravages dans sa faible tête qu'elle en tomba malade.

Elle devint la proie d'une fièvre lente; et comme ces évènemens se passaient pendant le carême de l'année 1822, et qu'elle ne voulut pas consentir à cesser ses jeûnes et ses austérités, elle arriva par degrés à un état de consomption qui fit trembler pour ses jours. Les regards indifférens de M. de Grandville la tuaient. Les soins et les attentions qu'il avait pour elle ressemblaient à ceux qu'un neveu s'efforce de prodiguer au vieil oncle dont il doit hériter.

Quoique la comtesse, ayant renoncé à son système de taquinerie et de remontrances, essayât d'accueillir son mari par de douces paroles, elle ne pouvait lui cacher entièrement ses véritables pensées, et détruisait souvent par un mot le bon effet produit par un autre.

Vers la fin du mois de mai, les chaudes haleines du printemps et un régime plus nourrissant ayant restitué quelques forces à madame de Grandville, elle vint un matin, au retour de la messe, s'asseoir dans son petit jardin, sur un banc de pierre. En recevant les caresses du soleil, elle pensait à toute sa vie, qu'elle embrassait d'un coup-d'œil afin de voir en quoi elle avait manqué à ses devoirs de mère et d'épouse, quand son confesseur apparut dans une agitation difficile à décrire.

— Vous serait-il arrivé quelque malheur,

mon père?... lui demanda-t-elle avec une sollicitude toute filiale.

— Ah! je voudrais, répondit le prêtre normand, que toutes les infortunes dont la main de Dieu vous afflige me fussent départies!... Mais, ma respectable amie, ce sont des épreuves auxquelles il faut savoir vous soumettre.

— Eh! peut-il m'arriver des châtimens plus grands que ceux dont sa Providence m'accable en se servant de mon mari comme d'un instrument de colère?

— Préparez-vous, ma fille, à plus de mal encore que nous n'en supposions jadis avec vos pieuses amies.

— Alors, je dois remercier Dieu, répondit la comtesse, de ce qu'il daigne se servir de vous pour me transmettre ses volontés; plaçant ainsi, comme toujours, les trésors de sa miséricorde auprès des fléaux de sa colère, comme jadis il bannissait Agar et lui découvrait une source dans le désert.

— Il a mesuré vos peines à la force de votre résignation et au poids de vos fautes.

— Parlez, je suis prête à tout entendre.

A ces mots, la comtesse leva les yeux au ciel, et ajouta :

— Parlez, monsieur Fontanon!...

— Depuis sept ans, M. de Grandville commet le péché d'adultère avec une concubine.

— O ciel!

— Il en a deux enfans. Il a dissipé pour ce ménage adultérin plus de cinq cent mille francs qui devaient appartenir à sa famille légitime.

— Il faudrait que je le visse de mes propres yeux!... dit la comtesse.

— Gardez-vous-en bien! s'écria l'abbé : vous devez pardonner, ma fille; attendre, dans la prière, que Dieu éclaire votre époux ; à moins d'employer contre lui les moyens que vous offrent les lois humaines...

La longue conversation que l'abbé Fontanon eut alors avec sa pénitente produisit un changement violent dans la personne de la comtesse. Elle le congédia, et reparut chez elle, presque colorée. Elle allait et venait avec une activité inaccoutumée. Elle commanda d'atteler ses chevaux, ordre qu'elle donnait rarement. Elle les décommanda, elle changea d'avis vingt fois dans la même heure ; mais enfin, comme si elle prenait une grande résolution, elle partit sur les trois heures, laissant tout son monde étonné de la révolution qui s'était si subitement faite en elle.

— Monsieur doit-il revenir dîner ?... avait-elle demandé au valet de chambre, auquel elle ne parlait jamais.

— Non, madame...

— L'avez-vous conduit au Palais ce matin ?...

— Oui, madame...

— N'est-ce pas aujourd'hui lundi ?...

— Oui, madame...

— Je croyais qu'il n'y avait pas de palais le lundi !...

— Que le diable t'emporte !... s'écria le valet en voyant partir sa maîtresse.

Mademoiselle de Bellefeuille était en deuil et pleurait. Auprès d'elle, Eugène tenait une des mains de son amie entre les siennes, gardait le silence, et regardait tour à tour soit le petit Charles qui ne comprenait rien au deuil de sa mère, et ne restait muet que parce qu'il la voyait pleurer, soit le berceau où dormait Eugénie, soit le visage de Caroline sur lequel la tristesse ressemblait à une pluie tombant à travers les rayons d'un joyeux soleil.

— Eh bien! oui, mon ange, dit Eugène après un long silence; voilà le grand secret, je suis marié à une autre... Mais un jour, je l'espère, nous ne ferons qu'une même famille. Ma femme est depuis le mois de mars dans un état désespéré. Je ne souhaite pas sa mort; mais s'il plaît à Dieu de l'appeler à lui, je crois qu'elle sera plus heureuse dans le paradis qu'au milieu d'un monde dont elle ne comprend ni les peines ni les plaisirs.

— Oh! que je hais cette femme!..... Comment a-t-elle pu te rendre malheureux?.... Cependant c'est à ce malheur que je dois ma félicité!....

Ses larmes se séchèrent tout-à-coup.

— Caroline, espérons!... s'écria Eugène en prenant un baiser. Ne conçois pas de crainte de cet abbé. C'est le confesseur de ma femme, il est vrai; mais s'il essayait de troubler notre bonheur, je saurais prendre un parti...

— Que ferais-tu?

— Nous irions en Italie, je fuirais...

Un cri retentit dans le salon voisin, il fit frissonner le comte de Grandville et trembler mademoiselle de Bellefeuille. Ils se précipitèrent dans le salon, où ils trouvèrent la comtesse évanouie.

Quand elle reprit ses sens, elle jeta un profond soupir en se voyant entre son mari et sa rivale. Elle repoussa par un geste involontaire plein de mépris le bras de cette dernière, qui se leva pour se retirer.

— Vous êtes chez vous, mademoiselle! dit Grandville en arrêtant sa maîtresse par le bras.

Puis saisissant sa femme mourante, il la porta jusqu'à sa voiture, et y monta auprès d'elle.

— Qui donc a pu vous amener à désirer ma mort, à me fuir?... demanda la comtesse d'une voix faible en contemplant son mari avec autant d'indignation que de douleur. — N'étais-je pas jeune? vous m'avez trouvée belle!... Qu'avez-vous à me reprocher?... Vous ai-je trompé? N'ai-je pas été une épouse vertueuse et sage? Mon cœur n'a conservé que votre image; mes oreilles n'ont entendu que votre voix! A quel devoir ai-je manqué?... Que vous ai-je refusé?...

— Le bonheur!... répondit d'une voix ferme le magistrat. Vous savez, madame, qu'il y a deux manières de servir Dieu. Certains chrétiens s'imaginent qu'en entrant à des heures fixes dans une église pour y dire des *pater noster*, qu'en y entendant régulièrement la messe et en s'abstenant de tout péché, ils gagneront le ciel... ceux-là, madame, vont en enfer; car ils n'ont point aimé Dieu pour lui-même, ils ne l'ont point adoré comme il veut l'être, ils ne lui ont fait aucun sacrifice. Ils sont doux en apparence, et durs à leur prochain. Ils voient la règle, la lettre, et non l'esprit. Voilà comme vous en avez agi avec votre époux terrestre.

Vous avez sacrifié mon bonheur à votre salut. Vous étiez en prières quand j'arrivais à vous le cœur joyeux; vous pleuriez quand vous deviez m'égayer; vous n'avez su satisfaire à aucune exigence de mes plaisirs...

— Et s'ils étaient criminels?... s'écria la comtesse avec feu, fallait-il donc perdre mon âme pour vous plaire?

— C'eût été un sacrifice... dit froidement M. Grandville, qu'une autre plus aimante a eu le courage de me faire!

La comtesse se tordit les mains...

— O mon Dieu! s'écria-t-elle en pleurant, tu l'entends... Etait-il digne des prières et des austérités au milieu desquelles je me suis consumée pour racheter ses fautes et les miennes!... A quoi sert la vertu?

— A gagner le ciel, ma chère! On ne peut être à la fois l'épouse d'un homme et celle de Jésus-Christ; il y aurait bigamie; et il faut savoir opter entre un mari et un couvent. Vous avez dépouillé votre âme, au profit de l'avenir, de tout l'amour, de tout le dévouement que Dieu y avait mis pour moi, et vous n'avez gardé au monde que des sentimens de haine...

— Je ne vous ai donc point aimé?... demanda-t-elle.

— Non, madame.

— Qu'est-ce donc que l'amour?... demanda involontairement la comtesse.

— L'amour, ma chère!... répondit Grandville avec une sorte de surprise ironique. Vous n'êtes pas en état de le comprendre. Le ciel froid de la Normandie ne peut pas être celui de l'Espagne : voilà toute votre histoire. Se plier à nos caprices, les deviner, trouver des plaisirs dans une douleur, nous sacrifier l'opinion du monde, l'amour-propre, la religion même, et ne regarder ces offrandes que comme des grains d'encens brûlés en l'honneur de l'idole!... Voilà l'amour...

— Des filles d'opéra!... dit la comtesse avec horreur. De tels feux doivent être peu durables, et ne vous laisser bientôt que des cendres ou des charbons, des regrets ou du désespoir.

Une épouse, monsieur, doit vous offrir, à mon sens, une amitié vraie, un chaleur égale... elle a une dignité à conserver...

— Vous parlez de chaleur comme les nègres parlent de la glace!... répondit le comte avec un sourire sardonique. Songez que la plus humble de toutes les pâquerettes est plus séduisante que la plus orgueilleuse et la plus brillante des épines-roses qui nous attirent au printemps par leurs pénétrans parfums et leurs vives couleurs...

Du reste, ajouta-t-il, je vous rends justice. Vous vous êtes si bien tenue dans la ligne du devoir apparent prescrit par la loi, que pour vous démontrer en quoi vous avez failli à mon égard, il faudrait entrer dans certains détails que votre réserve ne saurait supporter, et vous instruire de choses qui vous sembleraient le renversement de toute morale.

— Vous osez parler de morale, s'écria la comtesse que les réticences de son mari rendirent furieuse, en sortant de la maison où vous avez dissipé la fortune de vos enfans... où...

— Madame, je vous arrête là... dit le comte avec sang-froid en interrompant sa femme. Si mademoiselle de Bellefeuille est riche, elle ne l'est aux dépens de personne. Mon oncle était maître de sa fortune et avait plusieurs héritiers. Or, de son vivant, et par pure amitié pour celle qu'il considérait comme une nièce, il lui a donné sa terre de Bellefeuille. Quant au reste, je le tiens de ses libéralités...

— C'était digne d'un jacobin!...... s'écria Angélique.

— Madame, vous oubliez que votre père fut un de ces jacobins que vous, femme, condamnez avec peu de charité!... dit sévèrement le comte. Mais le citoyen Bontems, ajouta-t-il, a signé des arrêts de mort tandis que mon oncle n'a rendu que des services à la France.

Madame de Grandville se tut. Mais, après un moment de silence, le souvenir de ce qu'elle venait de voir réveillant dans son âme une jalousie que rien ne saurait éteindre dans le cœur d'une femme, elle dit à voix basse et comme si elle se parlait à elle-même :

— Peut-on perdre ainsi son âme et celle des autres!...

— Eh! madame, reprit le comte fatigué de cette conversation, c'est peut-être vous qui répondrez un jour de tout ceci!...

Cette parole fit trembler la comtesse.

— Vous serez sans doute excusée aux yeux du juge indulgent qui appréciera nos fautes, dit-il, par la bonne foi avec laquelle vous avez accompli mon malheur. Je ne vous hais point, je hais les gens qui ont faussé votre cœur et votre raison. Vous avez prié pour moi, comme mademoiselle de Bellefeuille m'a donné son cœur et m'a comblé d'amour. Il fallait que vous fissiez l'un et l'autre. Il fallait être tour à tour et ma maîtresse et la sainte priant au pied des autels. Vous devez me rendre la justice d'avouer que je ne suis ni pervers, ni débauché. Mes mœurs sont pures, et ce n'est qu'au bout de sept années de douleur que le besoin d'être heureux m'a, par une pente insensible, amené à aimer une autre femme que vous, à me créer une autre famille que la mienne. Du reste, ne croyez pas que je sois le seul : il existe dans cette ville des milliers de maris qui tous ont été conduits par des causes diverses à cette double existence.

— Grand Dieu!... s'écria la comtesse, que ma croix est devenue lourde à porter!... Si l'époux que tu m'as donné dans ta colère ne peut trouver ici-bas de félicité que par ma mort, rappelle-moi dans ton sein...

— Si vous aviez eu toujours d'aussi admirables sentimens et ce dévouement, nous serions encore heureux, dit froidement le comte.

— Eh bien, reprit Angélique en versant un torrent de larmes, pardonnez-moi si j'ai pu commettre des fautes! Oui, monsieur, je suis prête à vous obéir en tout, certaine que vous ne désirerez rien que de juste et de naturel. Je serai désormais tout ce que vous voudrez que soit une épouse!...

— Madame, si votre intention est de me faire dire que je ne vous aime plus, j'aurai l'affreux courage de vous éclairer. Puis-je commander à mon cœur? puis-je effacer en un instant les souvenirs de quinze années de douleur? — Je n'aime plus! ces paroles enferment un mystère tout aussi profond que celui contenu dans le mot : — J'aime. L'estime, la considération, les égards, s'obtiennent, disparaissent, reviennent; mais quant à l'amour, je me prêcherais mille ans, que je ne le ferais pas renaître...

— Ah! monsieur le comte, je désire bien sincèrement que ces paroles ne vous soient pas prononcées un jour par celle que vous aimez, avec le ton et l'accent que vous y mettez...

— Voulez-vous porter ce soir une robe à la grecque et venir à l'Opéra?

A cette demande, la comtesse frissonna involontairement.

CONCLUSION.

Dans les premiers jours du mois de décembre 1829, un homme dont les cheveux entièrement blanchis semblaient annoncer qu'il avait subi plus de chagrins que d'hivers, car il ne paraissait guère avoir plus de cinquante-huit ans, passait à minuit environ par la rue de Gaillon.

Arrivé devant une maison de peu d'apparence et qui n'avait que deux étages, il s'arrêta pour y examiner une des fenêtres élevées en mansarde à des distances égales au milieu de la toiture. Une faible lueur colorait à peine cette humble croisée dont quelques uns des carreaux avaient été remplacés par du papier.

Le passant regardait cette clarté vacillante et jaunâtre avec l'indéfinissable curiosité des flâneurs parisiens, quand un jeune homme sortit tout-à-coup de la maison. Comme les pâles rayons du réverbère frappaient la figure du curieux, il ne paraîtra pas étonnant que, malgré la nuit, le jeune homme se soit avancé vers le passant avec ces précautions dont on use à Paris quand on craint de se tromper en rencontrant une personne de connaissance.

— Hé quoi! s'écria-t-il, c'est vous, monsieur le comte!... seul, à pied, à cette heure, et si loin de la rue Saint-Lazare... Permettez-moi d'avoir l'honneur de vous offrir le bras. Le pavé, ce soir, ou pour mieux dire, ce matin, est si glissant que... si nous ne nous soutenions pas l'un l'autre, dit-il afin de ménager l'amour-propre du vieillard, il nous serait bien difficile d'éviter une chute...

— Mais, mon cher monsieur, je n'ai encore que cinquante ans! malheureusement pour moi, répondit le comte de Grandville; et un médecin, promis comme vous à une haute célébrité doit savoir qu'à cet âge un homme est dans toute sa force.

— Alors vous êtes en bonne fortune... reprit le médecin, car vous n'avez pas, je pense, l'habitude d'aller à pied dans Paris. Quand on a d'aussi beaux chevaux que les vôtres...

— Mais, la plupart du temps, répondit M. de Grandville, quand je ne vais pas dans le monde, je reviens du Palais-Royal ou de chez M. de Livry à pied...

— Et en portant sans doute sur vous de fortes sommes!... s'écria le médecin; mais c'est appeler le poignard des assassins...

— Je ne crains pas ceux-là!... répliqua le comte de Grandville d'un air triste et insouciant.

— Mais au moins l'on ne s'arrête pas... reprit le médecin en entraînant l'ancien magistrat vers le boulevard. Encore un peu, je croirais que vous voulez me voler votre dernière maladie et mourir d'une autre main que de la mienne...

— Ah! vous m'avez surpris faisant de l'espionnage!... répondit le comte. Soit que je passe à pied ou en voiture et à telle heure que ce puisse être de la nuit, j'aperçois, depuis quelque temps, à une fenêtre du troisième étage de la maison d'où vous sortez, l'ombre d'une personne qui paraît travailler avec un courage héroïque...

A ces mots le comte fit une pause, comme s'il eût senti une douleur soudaine.

— J'ai pris pour ce grenier, continua-t-il promptement, autant d'intérêt qu'un bourgeois de Paris peut en porter à l'achèvement du Palais-Royal...

— Hé bien! s'écria vivement le jeune homme en interrompant le comte, je puis vous...

— Ne me dites rien!... répliqua Grandville en coupant la parole à son médecin. Je ne donnerais pas un centime pour apprendre si l'ombre qui s'agite sur ces rideaux troués est celle d'un homme ou d'une femme, et si l'habitant de ce grenier est heureux ou malheureux! Si j'ai été surpris de ne plus voir personne travailler ce soir, si je me suis arrêté, c'était uniquement pour avoir le plaisir de former des conjectures aussi nombreuses et aussi niaises que toutes celles que les flâneurs forment à l'aspect d'une construction subitement abandonnée... Depuis deux ans, mon jeune...

Le comte parut hésiter à employer une expression ; mais il fit un geste et s'écria :

— Non, je ne vous appellerai pas mon ami !... car je déteste tout ce qui peut ressembler à un sentiment ! Depuis deux ans donc, je ne m'étonne plus que les vieillards se plaisent tant à cultiver des fleurs, à planter des arbres... Les évènemens de la vie leur ont appris à ne plus croire aux affections humaines... et... en peu de temps, je suis devenu vieillard. Je ne veux plus m'attacher qu'à des animaux qui ne raisonnent pas, à des plantes, enfin à tout ce qui est extérieur; enfin je n'aime que les surfaces. Je fais plus de cas des mouvemens de mademoiselle Taglioni que de tous les sentimens humains. — J'abhorre la vie et un monde où je suis seul. Rien, rien !... ajouta le comte avec une expression qui fit tressaillir le jeune homme, non, rien ne m'émeut et rien ne m'intéresse !...

— Vous avez des enfans !...

— Mes enfans ?... reprit-il avec un singulier

accent d'amertume. Eh bien, mes filles ne sont-elles pas toutes richement mariées?... Elles aiment leurs maris et en sont aimées. Elles ont leurs ménages, et doivent penser à leurs enfans et à mes gendres avant tout. — Quant à mes fils... ils ont tous très bien réussi. — L'aîné sera même l'honneur de la magistrature; mais ils ont leurs soins, leurs inquiétudes, leurs affaires... Si de tous ces cœurs-là il s'en était trouvé un seul qui se fût entièrement consacré à moi, qui eût essayé par son affection de me faire oublier tout le vide que je sens là!... dit-il en frappant sur son sein, eh bien! celui-là aurait manqué sa vie, il l'aurait sacrifiée. — Et pourquoi, après tout? — pour embellir quelques années qui me restent. — Y serait-il parvenu?—N'aurais-je pas, peut-être, regardé ses soins généreux comme une dette? Mais, — et ici le vieillard se prit à sourire avec une profonde ironie, mais, monsieur, ce n'est pas en vain que nous leur apprenons l'arithmétique! et... — ils savent calculer... En ce moment ils attendent ma succession!

— Oh! monsieur le comte, comment cette idée peut-elle vous venir à vous, à vous si bon, si obligeant, si humain? En vérité, si je n'étais pas moi-même une preuve vivante de cette bienfaisance que vous concevez si belle et si large...

— Pour mon plaisir... reprit vivement le comte. Je paye une sensation comme je payerais demain d'un monceau d'or la plus puérile de toutes les illusions si elle pouvait me remuer le cœur. Je secours mes semblables pour moi, et par la même raison que je vais au jeu... Mais je ne compte sur la reconnaissance de personne; vous-même, je vous verrais mourir sans sourciller, et je vous demande le même sentiment pour moi. — Ah, jeune homme!... les évènemens de la vie ont passé sur mon cœur comme les laves du Vésuve sur Herculanum. La ville existe — morte!...

— Ceux qui ont amené à ce point d'insensibilité une âme aussi chaleureuse et aussi vivante que l'était la vôtre, sont bien coupables...

— N'ajoutez pas un mot!... reprit le comte avec un sentiment d'horreur.

— Vous avez une maladie, dit le jeune médecin d'un son de voix plein d'émotion, que vous devriez me permettre de guérir.

— Mais connaissez-vous donc un remède à la mort ?... s'écria le comte impatienté.

— Hé bien, monsieur le comte, je gage ranimer ce cœur que vous croyez si froid...

— Valez-vous Talma ? demanda ironiquement Grandville.

— Non, monsieur le comte. Mais la nature est aussi supérieure à ce qu'était Talma, que Talma pouvait l'être à moi. Écoutez, le grenier qui vous intéresse est habité par une femme d'une trentaine d'années. L'amour va chez elle jusqu'au fanatisme. L'objet de son culte est un jeune homme d'une jolie figure, mais qu'une mauvaise fée a doué de tous les vices possibles. Il est joueur, et je ne sais ce qu'il aime le mieux des femmes ou du vin. — Il a fait, à ma connaissance, des bassesses dignes de la police correctionnelle...

Eh bien ! cette malheureuse femme lui a sacrifié une très belle existence, un homme dont elle était adorée, dont elle avait des enfans... Mais qu'avez-vous, monsieur le comte ?...

— Rien ! — continuez...

— Elle lui a laissé dévorer une fortune entière. Elle lui donnerait, je crois, le monde, si elle le tenait... Elle travaille nuit et jour... et, souvent elle a vu sans murmurer ce monstre qu'elle adore lui ravir jusqu'à l'argent destiné à payer le vêtement dont manquent ses enfans, jusqu'à l'espoir de la nourriture du lendemain!

Il y a trois jours, elle a vendu ses cheveux, les plus beaux que j'aie jamais vus!... Il est venu... Elle n'avait pas pu cacher assez vite la pièce d'or. Il l'a demandée, et, pour un sourire, pour une caresse... elle a livré le prix de quinze jours de vie et de tranquillité... C'est à la fois horrible et sublime. Mais le travail commence à lui creuser les joues... les cris de ses enfans lui ont déchiré l'âme... Elle est tombée malade. Elle gémit en ce moment sur un grabat!... Ce soir, elle n'avait rien à manger, et ses enfans n'avaient déjà plus la force de crier! Ils se taisaient quand je suis arrivé!!!... Oh! quel tableau!...

Le jeune médecin s'arrêta. En ce moment le comte de Grandville avait, comme malgré lui, plongé la main dans la poche de son gilet.

— Je devine, mon jeune ami, dit le vieillard, comment elle peut vivre encore, si vous la soignez...

— Ah! la pauvre créature!... s'écria le médecin. Qui ne la secourrait pas!... Je voudrais être plus riche, car j'espère la guérir de son amour.

— Mais, reprit le comte en retirant de sa poche la main qu'il y avait mise, sans que le médecin la vît pleine de l'argent que son protecteur semblait y avoir cherché, comment voulez-vous que je m'apitoye sur une misère dont j'achèterais les plaisirs au prix de toute ma fortune! Elle sent, elle vit... cette femme... Louis XV n'aurait-il pas donné tout son royaume pour pouvoir se relever de son cercueil et avoir trois jours de jeunesse et de vie? N'est-ce pas là l'histoire d'un milliard de morts, d'un milliard de malades, d'un milliard de vieillards?...

— Pauvre Caroline!... s'écria le médecin.

A ce nom, le comte de Grandville tressaillit. Il saisit le bras du médecin qui crut se sentir serré par les deux lèvres en fer d'un étau.

— Elle se nomme Caroline Crochard?... demanda Grandville d'une voix visiblement altérée.

— Vous la connaissez donc?... répondit le jeune homme avec étonnement.

— Vous m'avez tenu parole! s'écria l'ancien

magistrat ; car vous avez agité mon cœur de la plus terrible sensation qu'il éprouvera jusqu'à ce qu'il devienne poussière !... Cette émotion est encore un présent de l'enfer, et je sais toujours comment m'acquitter avec lui.

En ce moment, le comte et le médecin étaient arrivés au coin de la rue de la Chaussée-d'Antin. Là un de ces enfans de la nuit, qui, le dos chargé d'une hotte en osier et marchant un crochet à la main, ont été plaisamment nommés membres du comité des recherches, se trouvait auprès de la borne à laquelle Grandville venait de s'arrêter. Ce chiffonnier avait une vieille figure digne de celles que Charlet a immortalisées dans ses caricatures de l'école du balayeur.

— Rencontres-tu souvent des billets de mille francs ?... lui demanda le comte.

— Quelquefois, notre bourgeois...

— Et les rends-tu ?...

— C'est selon la récompense promise...

— Voilà mon homme !... s'écria le comte en présentant au chiffonnier un billet de mille francs. Prends ceci... lui dit-il, mais songe que je te le donne à la condition de le dépenser au cabaret, de t'y enivrer, de t'y disputer, de

battre ta femme, de crever les yeux à tes amis.
Cela fera marcher la garde, les chirurgiens,
les pharmaciens; peut-être les gendarmes, les
procureurs du roi, les juges et les geôliers...
Ne change rien à ce programme; car le diable
saurait tôt ou tard se venger de toi !...

Il faudrait qu'un même homme possédât à la
fois les crayons de Charlet et de Calot, les pinceaux de Téniers et de Rembrandt, pour donner
une idée vraie de cette scène nocturne. Elle appartient à la peinture.

— Voilà mon compte soldé avec l'enfer, et
j'ai eu du plaisir pour mon argent !... dit le
comte d'un son de voix profond en montrant
au médecin stupéfait la figure indescriptible du
chiffonnier béant.

— Quant à Caroline Crochard !... reprit-il,
elle peut mourir dans les horreurs de la faim,
de la soif, en entendant les cris déchirans de
ses fils mourans, en reconnaissant la bassesse de
celui qu'elle a épousé !... je ne donnerais pas
un denier pour l'empêcher de souffrir, et je ne
veux plus vous voir par cela seul que vous l'avez
secourue...

Et le comte, laissant le médecin plus immobile qu'une statue, disparut avec une célérité fantasmagorique, en se dirigeant avec toute l'activité de la jeunesse vers la rue Saint-Lazare, où il atteignit promptement le petit hôtel qu'il habitait. Il fut assez surpris de voir une voiture arrêtée à sa porte.

— M. le vicomte, dit un valet de chambre à son maître, est arrivé il y a une heure pour parler à monsieur, et l'attend dans sa chambre à coucher.

Grandville fit signe à son domestique de se retirer; et, ouvrant la porte:

— Quel motif assez important vous oblige d'enfreindre l'ordre que j'ai donné à mes enfans de ne pas venir chez moi sans y être appelés?... dit le vieillard à son fils.

— Mon père, répondit le jeune homme d'un son de voix tremblant et d'un air respectueux, j'ose espérer que vous me pardonnerez quand vous m'aurez entendu.

— Votre réponse est celle d'un magistrat! dit le comte. Asseyez-vous. Il montra un siége au jeune homme. Mais, reprit-il, que je marche ou que je reste assis, ne vous occupez pas de moi.

— Mon père, reprit le vicomte, ce soir à

quatre heures, un très petit jeune homme, arrêté par un de mes amis au préjudice duquel il a commis un vol assez considérable, s'est réclamé de vous, se prétendant votre fils...

— Il se nomme?... demanda le comte en tremblant.

— Charles Crochard!

— Assez!... dit le père en faisant un geste à son fils.

Et Grandville se promena dans la chambre, au milieu d'un profond silence que le vicomte se garda bien d'interrompre.

— Mon fils!... Ces paroles furent prononcées d'un ton si doux et si paternel que le jeune magistrat en tressaillit.

— Charles Crochard, reprit le comte, vous a dit la vérité. Je suis content que tu sois venu ce soir, mon bon Eugène... ajouta le vieillard. Voici une somme d'argent assez forte. Il lui présenta une masse de billets de banque. Tu en feras l'usage que tu jugeras convenable dans cette affaire. Je me fie à toi, et j'approuve d'avance toutes tes dispositions, soit pour le présent, soit pour l'avenir.

Eugène, mon bon enfant, viens m'embrasset; car nous nous voyons pour la dernière fois... demain, je pars pour l'Italie. Florence sera le lieu de ma résidence, et je ne le quitterai pas. Si un père ne doit pas compte de sa vie à ses enfans, il doit leur léguer l'expérience que lui a vendue le sort; car c'est une partie de leur héritage.

Quand tu te marieras... A ce mot le comte laissa échapper un frissonnement involontaire; — n'accomplis pas légèrement cet acte... le plus important de tous ceux auxquels nous oblige la société. Souviens-toi d'étudier long-temps le caractère de celle avec laquelle tu dois t'associer. Le défaut d'union entre les âmes de deux époux, par quelque cause qu'il soit produit, amène d'effroyables malheurs, et nous sommes, tôt ou tard, punis de n'avoir pas obéi aux lois sociales.

Je t'écrirai de Florence à ce sujet, un père ne doit pas rougir devant son fils... Adieu.

SCÈNE VI.

LA PAIX DU MÉNAGE.

LA PAIX DU MÉNAGE.

L'aventure retracée par cette scène eut lieu au moment où le fugitif empire de Napoléon atteignait à l'apogée de sa splendeur et de sa puissance. On était à la fin du mois de novembre 1809. Les coups de canon et les fanfares de la célèbre bataille de Wagram retentissaient encore au cœur de la monarchie autrichienne. Alors, la paix ayant été signée entre la France et la coalition continentale, les rois et les princes vinrent, comme des astres, accomplir leur révolution autour de Napoléon, qui se donna le plaisir d'entraîner l'Europe à sa suite, magnifique essai de la puissance qu'il devait plus tard déployer à Dresde.

Jamais, au dire des contemporains, Paris ne vit de plus belles fêtes que celles qui précédèrent et suivirent le mariage de ce souverain avec une archiduchesse d'Autriche. Jamais aux plus grands jours de l'ancienne monarchie autant de têtes couronnées ne se pressèrent sur les rives de la Seine, ni jamais l'aristocratie française ne parut plus riche et brillante qu'elle le fut alors. Les diamans étaient répandus avec tant de profusion sur les parures, l'or et l'argent brodaient tant d'uniformes, qu'après la récente indigence de la république il semblait voir toutes les richesses du globe rouler dans les salons de Paris.

Une ivresse générale avait comme saisi cet empire d'un jour, et, sans excepter le maître, tous ces soldats jouissaient en parvenus des trésors conquis par un million d'hommes à épaulettes de laine, que l'on satisfaisait avec des rubans.

A cette époque, quelques femmes des hautes sphères sociales affichaient cette aisance de mœurs et ce relâchement de morale qui marquèrent jadis d'un sceau d'infamie le règne de Louis XV. Soit pour imiter l'ancien ton de la monarchie écroulée, soit que certains membres de la famille impériale eussent donné l'exemple, ainsi que le prétendaient les frondeurs du faubourg Saint-Germain, il est certain que, hommes et femmes, tous se précipitaient vers les plaisirs avec une intrépidité qui faisait croire à la fin du monde. Mais il existait alors une autre raison de cette licence. L'engouement des femmes pour les militaires était devenu une sorte de frénésie. Cet enthousiasme, s'accordant avec les vues de Napoléon, n'était arrêté par aucun frein. L'empereur laissant rarement ses armées en repos, les prétendues passions de ce temps-là se trouvaient frappées d'une soudaineté assez explicable, et exposées à des dénouemens aussi rapides que les décisions de ce chef suprême des kolbacs, des dolmans et des aiguillettes qui séduisaient toutes les femmes. Alors les cœurs étaient nomades comme les armées.

Les fréquentes ruptures, qui faisaient ressembler tous les traités conclus entre l'Europe et Napoléon à des armistices, amenaient des absences, cruelles pour les amours. Aussi, d'un premier à un cinquième bulletin de la grande armée, une femme se voyait-elle successivement amante, épouse, mère et veuve.

Était-ce la perspective d'un prochain veuvage, celle d'une dotation, ou l'espoir de partager la gloire d'un nom historique qui rendaient les militaires si séduisans aux yeux des femmes? Le beau sexe était-il entraîné vers eux par la certitude que le secret de ses passions serait bien gardé par des morts? ou faut-il chercher la cause de ce doux fanatisme dans le noble attrait que le courage a pour les femmes? Peut-être ces raisons, que l'historien futur des mœurs impériales s'amusera sans doute à peser, entraient-elles toutes pour quelque chose dans la facilité avec laquelle les dames se livraient à l'hymen et à l'amour.

Quoi qu'il en fût, il doit suffire ici de savoir que la gloire et les lauriers couvraient bien des fautes; que les femmes recherchaient avec ardeur ces hardis aventuriers, qui leur paraissaient, en ces temps-là, de véritables sources d'honneurs, de richesses et de plaisirs ; et qu'une épaulette semblait être, aux yeux d'une jeune fille, un hiéroglyphe qui signifiait bonheur et liberté.

Un trait qui caractérise cette époque, unique dans nos annales, était une certaine passion effrénée pour tout ce qui brillait. Jamais on ne donna tant de feux d'artifice. Jamais le diamant n'atteignit à une aussi grande valeur. Les hommes étaient aussi avides que les femmes de ces cailloux blancs dont ils se paraient comme elles. Peut-être l'obligation de mettre le butin sous la forme la plus facile à transporter avait-elle mis les joyaux en honneur dans l'armée. Un homme n'était pas aussi ridicule qu'il le serait aujourd'hui, quand le jabot de sa chemise ou ses doigts offraient aux regards de gros diamans ; et Murat, homme tout Méridional, avait donné l'exemple d'un luxe absurde chez les militaires.

Le comte de Gondreville, l'un des Lucullus de ce sénat conservateur qui ne conserva rien, n'avait tant tardé à donner une fête en l'honneur de la paix, que pour mieux faire sa cour à Napoléon, en s'efforçant d'éclipser tous les flatteurs par lesquels il avait été prévenu.

Les ambassadeurs de toutes les puissances amies de la France, sous bénéfice d'inventaire, les personnages les plus importans de l'empire, quelques princes même étaient en ce moment réunis dans les salons du somptueux hôtel de l'opulent sénateur. Si la danse languissait, c'est que chacun attendait l'empereur qui avait fait espérer sa présence, et il aurait tenu parole, sans la scène qui éclata le soir même entre lui et Joséphine, scène qui fit prévoir un prochain divorce entre les augustes époux.

La nouvelle de cette aventure alors tenue fort secrète, mais que l'Histoire recueillait, n'étant pas encore parvenue aux oreilles des courtisans, même les plus intimes, elle n'influa pas autrement, que par l'absence de Napoléon, sur la gaieté de la fête donnée par le comte de Gondreville. Les plus jolies femmes de Paris s'étaient rendues chez lui sur la foi des ouï-dires, et y faisaient en ce moment assaut de luxe, de coquetterie, de parure et de beauté.

La banque, orgueilleuse de ses richesses, y défiait ces éclatans généraux et ces grands-officiers de l'empire tout nouvellement gorgés de croix, de titres et de décorations; car ces sortes de solennités étaient toujours des occasions saisies par de riches familles pour y produire leurs héritières aux yeux des prétoriens de Napoléon, dans le fol espoir d'échanger leurs magnifiques dots contre une faveur incertaine.

Les femmes, qui se croyaient fortes de leur seule beauté, y étaient venues essayer le pouvoir de leurs charmes. Alors, là comme ailleurs, le plaisir n'était qu'un masque. Les visages sereins et rians, les fronts calmes y couvraient d'odieux calculs. Les témoignages d'amitié mentaient, et plus d'un personnage se défiait moins de ses ennemis que de ses amis.

Ces observations succinctes étant destinées à expliquer, non seulement les évènemens du petit imbroglio de la scène qui va s'ouvrir, mais encore la fête au sein de laquelle ils se passèrent, et même la peinture, tout adoucie qu'elle soit, du ton qui régnait à cette époque dans les salons de Paris, elles ne doivent être regardées que comme une espèce de préface ou prologue historique nécessité par la pruderie des mœurs actuelles.

— Tournez un peu les yeux vers cette colonne brisée qui supporte un candelabre. Voyez-vous une jeune femme coiffée à la chinoise? Là, dans le coin, à gauche! Elle a des clochettes bleues dans le bouquet de cheveux châtains qui retombe en gerbes sur sa tête. Vous ne voyez pas? Elle est si pâle qu'on la croirait souffrante. Elle est mignonne et toute petite. Maintenant, elle tourne la tête précisément vers nous. Ses yeux bleus, fendus en amande et doux à ravir, semblent faits exprès pour pleurer. Mais tenez donc! Elle se baisse pour regarder madame de Vaudremont à travers ce dédale de têtes toujours en mouvement, et dont les hautes coiffures lui interceptent la vue...

— Ah, j'y suis, mon cher!... Mais tu n'avais qu'à me la désigner comme la plus blanche de toutes les femmes qui sont ici, je l'aurais reconnue; car je l'ai déjà bien remarquée. Elle a le plus beau teint que j'aie jamais admiré! D'ici, je te défie de distinguer, sur la peau blanche de son cou, les perles qui séparent chacun des saphirs de son collier. Ne croirais-tu pas voir des turquoises semées sur de la neige? Mais elle a des mœurs, ou de la coquetterie; car c'est tout au plus si les ruches de son jaloux corsage permettent de soupçonner la parfaite beauté des contours... Quelles épaules! quelle blancheur de lys!...

— Mais qui est-ce? demanda celui qui avait parlé le premier.

— Ah! je ne sais pas!

— Aristocrate! vous voulez donc, colonel, les garder toutes pour vous?...

— Cela te sied bien de me goguenarder!

reprit le militaire en souriant. Te crois-tu le droit d'insulter un pauvre colonel comme moi, parce que, rival heureux de ce pauvre Soulanges, tu ne fais pas une seule pirouette qui n'alarme la tendre sollicitude de madame de Vaudremont? Ou bien est-ce parce que je ne suis arrivé que depuis un mois dans la terre promise?... Etes-vous insolens, vous autres administrateurs, qui restez collés sur des chaises, pendant que nous mangeons des obus! Allons, monsieur le maître des requêtes, laissez-nous glaner dans le champ dont vous ne restez le possesseur tranquille que quand nous partons. Que diable, il faut que tout le monde vive! et si tu savais, mon ami, ce que sont les Allemandes!... tu me servirais, je crois, même auprès de la Parisienne qui t'est chère...

— Colonel, puisque vous avez honoré de toute votre attention cette belle inconnue que j'aperçois ici pour la première fois, ayez donc la charité de me dire si vous l'avez vue danser.

— Eh! mon cher Martial, d'où viens-tu? Si l'on t'envoie en ambassade, j'augure bien mal de tes succès. Ne vois-tu pas trois rangées des plus intrépides coquettes de Paris, entre ma jolie dame et le brillant essaim de danseurs qui bourdonne sous le lustre? Et ne t'a-t-il pas fallu toute la puissance de ton lorgnon pour la découvrir dans l'angle de cette colonne, où elle semble enterrée au sein d'une profonde obscurité en dépit des cinquante bougies qui brillent au-dessus de sa blonde tête; car il y a entre elle et nous tant de diamans et tant de regards qui scintillent, tant de plumes qui flottent, tant de dentelles, de fleurs, de tresses ondoyantes, que ce serait un vrai miracle si un danseur pouvait l'apercevoir au milieu de tous ces astres!... Comment, Martial, tu n'as pas deviné que c'est la femme de quelque sous-préfet des Côtes-du-Nord ou de la Dyle qui vient essayer de faire un préfet de son mari?...

— Oh! il le sera!... dit vivement le maître des requêtes.

— J'en doute! reprit le colonel en riant, car elle paraît aussi neuve en intrigue que toi en diplomatie. Je gage, Martial, que tu ne sais pas comment elle se trouve là?

Le maître des requêtes regarda le colonel d'un air qui décelait autant de dédain que de curiosité.

— Eh bien! continua le colonel, la pauvre enfant sera sans doute arrivée ici à neuf heures bien précises. Elle sera venue la première peut-être... Elle aura probablement fort embarrassé la comtesse de Gondreville, qui ne sait pas coudre deux idées; et alors, rebutée par la dame du logis, repoussée de chaise en chaise par chaque arrivante jusque dans les ténèbres lumineuses de ce petit coin, elle s'y sera laissé enfermer, victime de son humilité et de la jalousie de ces dames, qui n'auront pas demandé mieux que d'ensevelir ainsi cette dangereuse et ravissante figure. Elle n'aura pas eu d'ami pour l'encourager à défendre la place qu'elle a dû occuper d'abord sur le premier plan; et chacune de ces perfides danseuses aura intimé l'ordre à tout homme composant sa coterie de ne pas engager notre belle amie, sous peine des plus terribles punitions... Et voilà, mon cher, comment ces jolis minois si tendres, si candides, auront formé une coalition générale contre l'inconnue!... Et cela, sans qu'aucune de ces femmes-là se soit dit autre chose que: — Connaissez-vous, ma chère, cette petite dame bleue? — Tiens, Martial, si tu veux être accablé en un quart-d'heure de plus de regards flatteurs et d'interrogations provocantes que tu n'en recevras peut-être dans toute ta vie, fais mine de vouloir percer le triple rempart qui défend notre Andromède... Tu verras si la plus stupide de ces belles créatures-là ne saura pas inventer aussitôt une ruse capable d'arrêter l'homme le plus déterminé à mettre en lumière notre plaintive inconnue... car, ne trouves-tu pas qu'elle a un peu l'air d'une élégie ?

— Vous croyez, colonel ?... ce serait donc une femme mariée ?...

— Mais elle est peut-être veuve.

— Elle ne serait pas si triste ! dit en riant le maître des requêtes.

— Mais c'est peut-être une veuve dont le mari est vivant ?... répliqua le colonel.

— En effet, depuis la paix les dames font tant de ces veuves-là... répondit Martial. Mais, colonel, nous sommes deux imbéciles! Il y a trop d'ingénuité dans cette tête-là pour que ce soit une femme. Il y a encore trop de jeunesse et de verdeur sur le front et autour des tempes! quels tons vigoureux de carnation! Rien n'est flétri dans les méplats des narines, des lèvres et du menton : tout en est frais comme un bouton de rose blanche; mais aussi tout est enveloppé des nuages de la tristesse. Cette femme-là pleure...

— Quoi?... dit le colonel.

— Je ne sais, reprit Martial, mais elle ne pleure pas d'être là sans danser. Son chagrin ne date pas d'aujourd'hui, et l'on voit qu'elle s'est fait belle, pour ce soir, par préméditation. Elle aime déjà... je le parierais.

— Bah! c'est peut-être la fille de quelque princillon d'Allemagne, car personne ne lui parle! dit le colonel.

— Ah! qu'une pauvre fille, seule et isolée, est malheureuse!... reprit Martial. A-t-on plus de grâce et de finesse que notre petite inconnue?... elle est ravissante!... Eh bien! pas une des infernales et laides mégères qui l'entourent et qui se disent sensibles, ne lui adressera un seul petit mot... Si elle parlait, nous verrions au moins ses dents!...

— Ah ça! tu t'emportes donc comme du lait à la moindre élévation de température?... s'écria doucement le colonel un peu piqué de rencontrer si vite un rival dans un ami.

— Comment, dit le maître des requêtes sans s'apercevoir de l'interrogation du colonel, et en dirigeant son lorgnon sur tous les personnages dont ils étaient entourés ; comment, il n'y a personne ici qui puisse nous nommer cette fleur exotique si récemment transplantée dans ce parterre ?...

— Eh! c'est quelque demoiselle de compagnie... lui dit le colonel.

— Bon!... une demoiselle de compagnie avec des saphirs dignes d'une reine, et une robe de Malines... à d'autres, colonel! Vous ne serez pas plus fort que moi en diplomatie si vous prenez une princesse allemande pour une demoiselle de compagnie...

Le colonel, moins bavard et plus curieux, arrêta par le bras un petit homme gras dont chacun apercevait au même instant les cheveux grisonnans et les yeux spirituels à toutes les encoignures des portes du salon. Ce personnage, qui semblait vouloir donner par sa prodigieuse activité une nouvelle preuve de la multiplication des cinq pains, se mêlait sans cérémonie aux différens groupes que formaient les hommes, et il y était toujours reçu avec une sorte de déférence.

— Gondreville, mon cher ami... lui dit le militaire, quelle est donc cette charmante petite femme assise là-bas sous ton immense candelabre doré?...

— Le candelabre?... Ravrio, mon cher, et c'est Isabey qui en a donné le dessin...

— Oh! j'ai déjà reconnu ton goût et ton faste dans le meuble... Mais la dame, la dame?...

— Ah! je ne la connais pas!... C'est sans doute une amie de ma femme.

— Ou ta maîtresse, vieux sournois...

— Non, parole d'honneur. Mais il n'y a vraiment que la comtesse de Gondreville pour savoir inviter des gens que personne ne connaît.

Malgré cette observation pleine d'aigreur, le gros petit homme s'éloigna en conservant sur les lèvres le sourire de satisfaction intérieure que la supposition du colonel y avait fait naître. Ce dernier rejoignit, dans un groupe voisin, le maître des requêtes occupé alors à y chercher, mais en vain, des renseignemens sur l'inconnue. Il le saisit par le bras et lui dit à l'oreille :

— Mon cher Martial, prends garde à toi... Madame de Vaudremont te regarde depuis quelques minutes avec une attention désespérante. Elle est femme à deviner au mouvement seul de tes lèvres ce que tu me dirais. Nos yeux n'ont été déjà que trop significatifs. Elle en a très bien aperçu et suivi la direction, et je la crois en ce moment plus occupée que nous de la petite dame bleue.

— Vieille ruse de guerre, mon cher colonel! Que m'importe d'ailleurs? Je suis comme l'empereur, quand je fais des conquêtes je les garde...

— Martial, ta fatuité cherche des leçons. Comment? faquin! tu as le bonheur d'être le mari désigné de madame de Vaudremont, d'une veuve de vingt-deux ans, affligée de deux mille doubles napoléons de rente; et, ajouta-t-il (en prenant la main gauche du maître des requêtes qui la lui abandonna complaisamment), d'une femme qui te passe au doigt des diamans de trois mille écus en guise d'arrhes à un aussi doux marché, et tu as encore la prétention de faire le Lovelace, comme si tu étais colonel, ou obligé de changer de garnison!... fi!... Mais réfléchis donc à tout ce que tu peux perdre!...

— Je ne perdrai pas, du moins, ma liberté... répliqua Martial en riant forcément.

Il jeta un regard passionné à madame de Vaudremont, qui n'y répondit que par un sourire plein d'inquiétude, car elle avait vu le colonel examiner le diamant du maître des requêtes.

— Écoute, Martial! reprit le colonel. Si tu voltiges autour de ma jeune inconnue, j'entreprendrai la conquête de madame de Vaudremont.

— Permis à vous, séduisant cuirassier, mais vous n'obtiendrez pas cela.

Et le jeune maître des requêtes mettant l'ongle poli de son pouce gauche sous la plus brillante de ses dents supérieures, en fit résonner l'ivoire sans en tirer autre chose qu'un petit bruit goguenard.

— Songe que je suis garçon, reprit le colonel; que mon épée est toute ma fortune, et que me défier ainsi, c'est asseoir Tantale devant un festin qui ne s'enfuira pas.

— Prrrr.

Cette railleuse accumulation de consonnes servit de réponse à la provocation du colonel, que son ami toisa plaisamment avant de le quitter.

Le colonel, homme de trente-cinq ans environ, portait, selon la mode de ce temps, une culotte de casimir blanc et des bas de soie qui trahissaient en lui une rare perfection de formes. Il avait cette haute taille qui distinguait les cuirassiers de la garde impériale. Son habit d'uniforme rehaussait encore la grâce de son corps auquel l'équitation n'avait fait contracter qu'un embonpoint nécessaire relativement à ses proportions. Deux moustaches noires ajoutaient à l'expression franche d'un visage vraiment militaire dont le front était large et découvert; le nez aquilin et la bouche vermeille. Les manières du colonel, empreintes d'une certaine noblesse due à l'habitude du commandement, pouvaient plaire à une femme qui n'aurait pas voulu faire un esclave de son mari.

Le colonel sourit en regardant le maître des requêtes, l'un de ses meilleurs amis de collége, qui, par sa taille moyenne quoique svelte, l'obligeait à porter un peu bas vers lui son coup-d'œil amical.

Le baron Martial de la Roche-Hugon était un jeune Provençal, âgé d'une trentaine d'années, sur lequel Napoléon se plaisait en ce moment de verser des faveurs inouïes. Martial semblait promis à quelque fastueuse ambassade. Il possédait, à un haut degré le génie de l'intrigue, cette éloquence de salon et cette science des manières qui remplacent si facilement les qualités peu brillantes d'un homme solide. Sa figure vive, dont le teint paraissait plus blanc sous les boucles épaisses d'une forêt de cheveux noirs, décelait beaucoup d'esprit et de grâce.

Les deux amis furent obligés de se quitter en se donnant une cordiale poignée de main; car les sons de l'orchestre, en prévenant les dames de former les quadrilles de la quatrième contredanse, chassaient tous les hommes du vaste espace dont ils s'étaient emparés au milieu du salon.

Cette conversation rapide tenue dans l'intervalle de silence qui sépare toujours les contredanses, avait eu lieu devant une cheminée en marbre blanc sculpté, magnifique ornement du plus vaste des trois salons de l'hôtel Gondreville. La plupart des demandes et des répliques de ce bavardage assez commun au bal avaient été comme soufflées par chacun des deux interlocuteurs à l'oreille de son voisin. Malgré cette précaution, les girandoles et les flambeaux dont la cheminée était profusément décorée répandaient des torrens de lumière si abondans sur le colonel et sur le maître des requêtes, que leurs figures, trop fortement éclairées, ne purent déguiser, en dépit d'une discrétion diplomatique, les expressions imperceptibles de leurs sentimens aux yeux fins de madame de Vaudremont et à ceux plus candides de la jeune inconnue assise auprès du candelabre.

Cet espionnage de la pensée est peut-être chez les gens intéressés à découvrir les sentimens des autres, un des plaisirs secrets qu'ils trouvent dans les réunions du monde, tandis que tant de niais dupés s'y ennuient sans oser en convenir.

Mais pour comprendre le secret d'intérêt renfermé dans la conversation par laquelle commence ce récit, il est nécessaire de se reporter par la pensée à un évènement, léger en apparence, mais qui, par d'invisibles liens, avait comme réuni les personnages de ce petit drame, bien qu'ils fussent épars dans les salons où retentissait l'éclat et les murmures de la fête.

Cet évènement s'était passé quelques minutes avant que le colonel et le baron Martial causassent ensemble. A onze heures du soir environ, et pendant que les danseuses reprenaient leurs places, le peuple brillant de l'hôtel Gondreville avait vu apparaître la plus belle femme de Paris, la reine de la mode, la seule qui manquât alors à cette splendide assemblée. Elle se faisait une loi de ne jamais arriver qu'à ce moment où les salons offraient le mouvement animé, le tourbillon gracieux qui ne permet pas aux femmes de garder long-temps ni la fraîcheur de leurs figures ni celle de leurs toilettes. Ce moment rapide est comme le printemps d'un bal : une heure après quand le plaisir a passé, que la fatigue arrive, tout est flétri.

Alors madame de Vaudremont ne commettait jamais la faute insigne de rester à une fête pour s'y montrer avec des fleurs penchées, des boucles défrisées, des garnitures froissées, et avec une figure semblable à toutes celles qui, sollicitées par le sommeil, ne le trompent pas toujours. Elle se gardait bien de laisser voir, comme ses rivales, sa beauté endormie. Elle savait soutenir habilement sa réputation de coquetterie en se retirant toujours d'un bal aussi brillante qu'elle y était entrée. Les femmes se disaient à l'oreille, avec un sentiment d'envie, qu'elle changeait de parures autant de fois qu'elle avait de bals à parcourir dans une soirée. Mais madame de Vaudremont ne devait pas être maîtresse, cette fois, de s'éloigner du salon où elle arrivait alors en triomphe.

Un moment arrêtée sur le seuil de la porte, elle avait jeté des regards observateurs, quoique rapides, sur toutes les femmes dont elle analysa les toilettes, afin de se convaincre que sa parure éclipserait toutes les autres.

La célèbre et jolie coquette s'était offerte à l'admiration de l'assemblée, conduite par un des plus braves colonels de l'armée, et pour le moment, favori de l'empereur, de plus, jeune et riche. Il se nommait le comte de Soulanges.

L'union momentanée et fortuite de ces deux personnages avait sans doute quelque chose de mystérieux, car, en entendant annoncer M. de Soulanges et la comtesse de Vaudremont, quelques femmes, placées en tapisserie, se levèrent; et des hommes, accourus des salons voisins, se pressèrent aux portes du salon principal. Un de ces plaisans, qui ne manquent jamais à ces réunions nombreuses, dit en voyant entrer la comtesse et son chevalier: — « Que les dames avaient tout autant de curiosité à contempler un homme fidèle à sa passion, que les hommes à examiner une jolie femme difficile à fixer. »

Le comte de Soulanges était un jeune homme d'environ trente-deux ans. Il semblait fluet, mais il était nerveux. Ses formes grêles, son teint pâle prévenaient peu en sa faveur. Quoique ses yeux noirs eussent une très grande vivacité, il était taciturne. Cependant, il passait pour un homme très séduisant dans le tête-à-tête; et l'on s'accordait à reconnaître en lui une grande éloquence unie à beaucoup de capacité.

La comtesse de Vaudremont était une femme

assez grande, légèrement grasse, d'une peau
éblouissante de blancheur, qui portait bien une
petite tête pleine de grâce, et possédait l'immense avantage d'inspirer l'amour par la gentillesse de ses manières. On éprouvait toujours
un plaisir nouveau à la regarder ou à lui parler.
Elle était de ces femmes qui tiennent toutes les
promesses que fait leur beauté.

Ce couple mystérieux et brillant, devenu
pour quelques instans l'objet de l'attention générale, ne laissa pas long-temps la curiosité s'exercer sur son compte; car le colonel et la dame
semblèrent parfaitement comprendre que le
hasard venait de les placer dans une situation
gênante.

En voyant la comtesse et son cavalier s'avancer, le baron Martial s'était mêlé au groupe
d'hommes qui occupait le poste de la cheminée; et à travers les têtes, qui formaient comme
un rempart devant lui, il s'était mis à examiner
madame de Vaudremont avec toute l'attention
jalouse que donne le premier feu de la passion. Une voix secrète semblait lui dire que
le succès dont il s'enorgueillissait n'était peut-
être que précaire. Mais le sourire de politesse

froide par lequel la comtesse remercia M. de Soulanges, et le geste qu'elle fit pour le congédier en s'asseyant auprès de madame de Gondreville, détendirent tous les muscles que la jalousie avait contractés sur la jeune figure du maître des requêtes.

Cependant quand le Provençal à tête volcanique aperçut M. de Soulanges rester debout à deux pas du canapé sur lequel était madame de Vaudremont, sans tenir aucun compte du regard par lequel la jeune coquette semblait dire à son amant trahi, qu'ils jouaient l'un et l'autre un rôle ridicule, il fronça de nouveau les noirs sourcils qui ombrageaient ses yeux bleus; il caressa, par maintien, les boucles de ses cheveux bruns; et, sans trahir l'émotion qui lui faisait palpiter le cœur, il surveilla la contenance de la comtesse et celle de M. de Soulanges. Le maître des requêtes paraissait badiner avec ses auditeurs; mais le feu d'une violente passion enflammait son œil capricieux. Ce fut alors que, saisissant la main du colonel qui venait pour renouveler connaissance avec lui, il écouta l'odyssée militaire de son ami sans l'entendre, car il ne voyait que M. de Soulanges.

Ce dernier jetait des regards tranquilles sur la quadruple rangée de femmes qui encadrait l'immense salon du sénateur. Il semblait admirer cette bordure de diamans, de rubis, de gerbes d'or et de têtes ravissantes, dont l'éclat faisait presque pâlir le feu des bougies, le cristal des lustres, la peinture des parois d'argent, et la dorure des bronzes. Le calme insouciant de son rival fit perdre contenance au maître des requêtes, qui, incapable de maîtriser la bouillante et secrète impatience dont il était transporté, s'avança vers madame de Vaudremont comme pour la saluer. Quand le Provençal apparut, M. de Soulanges lui lança un regard terne et détourna la tête avec impertinence.

Un silence grave régnait dans le salon. La curiosité était à son comble. Toutes les têtes tendues offraient les expressions les plus bizarres, et chacun craignait et attendait un de ces éclats que les gens bien élevés se gardent toujours de faire.

Tout-à-coup la pâle figure du comte devint aussi rouge que l'écarlate de ses paremens, et ses regards se baissèrent aussitôt vers le parquet, pour ne pas laisser deviner le sujet de son trouble. Il venait de voir, comme par hasard, l'inconnue humblement placée au pied du candelabre. Tout-à-coup, vaincu par une sombre pensée, M. de Soulanges passa d'un air triste devant le maître des requêtes, et alla se réfugier dans un des salons de jeu.

Le baron Martial crut, avec toute l'assemblée, que Soulanges lui cédait publiquement la place, par la crainte du ridicule qui s'attache toujours aux amans détrônés; et alors il releva fièrement la tête, regarda à son tour le prestigieux candelabre, aperçut l'inconnue, et quand il s'assit avec aisance auprès de madame de Vaudremont, il l'écouta d'un air si distrait qu'il ne retint pas ces paroles prononcées, sous l'éventail, par la coquette.

— Martial, vous me ferez plaisir de ne pas porter ce soir le diamant que je vous ai donné. J'ai mes raisons. Je vous les expliquerai, dans un moment... quand nous nous retirerons; car vous ne tarderez pas à me donner le bras pour aller chez la princesse de Wagram.

— Pourquoi donc avez-vous accepté la main de cet odieux colonel? demanda le baron.

— Je l'ai rencontré sous le péristyle... répondit-elle. Mais laissez-moi, on nous regarde...

— Et j'en suis fier!... dit Martial, qui néanmoins se leva.

Il rejoignit le colonel de cuirassiers, et ce fut alors que la petite dame bleue devint le lien commun de l'inquiétude qui agitait à la fois et si diversement l'esprit du beau colonel de cuirassiers, l'âme attristée du comte de Soulanges, le cœur volage du baron Martial, et la comtesse de Vaudremont.

Quand les deux amis se séparèrent après s'être porté le défi qui termina leur longue conversation, le jeune maître des requêtes s'élança vers la belle madame de Vaudremont, et sut la placer au milieu du plus brillant quadrille. A la faveur de cette espèce d'énivrement dans lequel une femme est presque toujours plongée par une danse animée et par le spectacle d'un bal où les hommes sont pour le moins aussi parés que les dames, Martial crut pouvoir s'abandonner impunément au charme qui attirait ses yeux vers le coin où l'inconnue était prisonnière. Il réussit à dérober à l'inquiète activité des yeux de la comtesse le premier, le second regard qu'il jeta sur la dame bleue; mais enfin il fut surpris en flagrant délit. Il fit excuser une préoccupation; mais il ne justifia pas l'impertinent silence par lequel il répondit à la plus séduisante des interrogations qu'une femme puisse faire. Plus il était rêveur, plus la comtesse se montrait pressante et taquine.

Pendant que Martial dansait à contre-cœur, le colonel allait de groupe en groupe demander des renseignemens sur la jeune inconnue. Ayant épuisé la complaisance de toutes les personnes même indifférentes, il allait se déterminer à profiter d'un moment où madame la comtesse de Gondreville paraissait libre pour lui demander à elle-même le nom de cette dame mystérieuse, quand il aperçut un léger vide existant entre la colonne brisée qui supportait le candelabre, et les deux divans qui venaient y aboutir.

L'intrépide cuirassier, profitant du moment où la contredanse laissait vacante une grande partie des chaises qui formaient trois rangs de fortifications défendues par des mères ou des femmes d'un certain âge, entreprit de traverser cette palissade couverte de schalls aux mille couleurs et de mouchoirs brodés.

Il complimenta une ou deux douairières, et de femme en femme, de politesse en politesse, il finit par atteindre auprès de l'inconnue la place qu'il y avait su deviner. Au risque d'accrocher les griffons et les chimères de l'immense flambeau, il se maintint là sous le feu et la cire des bougies, au grand mécontentement de Martial. Le colonel était trop adroit pour interpeller brusquement la petite dame bleue, qu'il avait à sa droite; mais il commença par dire à une grande dame assez laide, qui se trouvait assise à sa gauche :

— Voilà, madame, un bien beau bal ! Quel luxe, que de mouvement ! D'honneur, les femmes y sont toutes jolies ! Mais il n'y a que vous qui ne dansiez pas... c'est sans doute mauvaise volonté.

L'insipide conversation engagée par le colonel avait pour but de faire parler sa voisine de droite, qui, silencieuse et préoccupée, ne lui accordait même pas la plus légère attention. L'officier tenait en réserve une foule de phrases qui devaient se terminer par un : — et vous, madame? sur lequel il comptait beaucoup; mais il fut étrangement surpris en voyant l'inconnue livrée à une stupeur profonde. Il aperçut même des larmes rouler dans le cristal bleu de ses yeux, et son étonnement n'eut pas de bornes quand il remarqua que l'attention de la jeune affligée était entièrement captivée par madame de Vaudremont.

— Madame est sans doute mariée? demanda enfin le colonel d'une voix mal assurée.

— Oui, monsieur, répondit l'inconnue.

— Monsieur votre mari est sans doute ici?...

— Oui, monsieur.

— Et pourquoi donc, madame, restez-vous à cette place?... est-ce par coquetterie?...

L'inconnue sourit tristement.

— Accordez-moi l'honneur, madame, d'être votre cavalier pour la contredanse suivante, et je ne vous ramènerai certes par ici! Je vois près de la cheminée une gondole vide, et ce sera votre place pour toute la soirée. Quand tant de gens s'apprêtent à trôner, et que la folie du jour est la royauté, je ne conçois pas que vous refusiez d'accepter le titre de reine du bal, qui semble promis à votre beauté.

— Monsieur, je ne danserai pas...

L'intonation douce quoique brève des réponses laconiques de l'inconnue était si désespérante que le colonel se vit forcé d'abandonner la place.

Martial ayant deviné, tout en dansant, et la dernière demande du colonel et le refus qu'il essuyait, se mit à sourire et à se caresser le menton, en faisant briller le diamant qu'il avait au doigt.

— De quoi riez-vous ?... lui dit la comtesse.

— Du non-succès de ce pauvre colonel. Il vient de faire un pas de clerc...

— Je vous avais prié d'ôter votre diamant, reprit la comtesse en l'interrompant.

— Je ne l'ai pas entendu.

— Mais vous n'entendez donc rien ce soir, monsieur le baron ?... répondit madame de Vaudremont d'un air piqué.

— Voilà un jeune homme qui a au doigt un bien beau brillant, dit alors l'inconnue au colonel prêt à faire retraite.

— Magnifique !... répondit-il. Ce jeune homme

est le baron Martial de la Roche-Hugon, un de mes plus intimes amis.

— Je vous remercie de m'en avoir dit le nom!... reprit l'inconnue. Il paraît fort aimable... dit-elle.

— Oui, mais il est un peu léger.

— On pourrait croire qu'il est bien avec la comtesse de Vaudremont?... demanda la jeune dame en interrogeant des yeux le colonel.

— Du dernier mieux...

L'inconnue pâlit.

— Allons, pensa le joyeux militaire, elle aime ce diable de Martial!...

— Je croyais madame de Vaudremont engagée depuis long-temps avec M. de Soulanges... reprit la jeune dame, un peu remise d'une souffrance intérieure qui avait, pour un moment, altéré l'éclat surnaturel de son visage...

— Depuis huit jours, la comtesse le trompe... répondit le colonel; mais vous devez avoir vu ce pauvre Soulanges, quand il est entré... Il essaie encore de ne pas croire à son malheur...

— Je l'ai vu! dit la dame d'un son de voix profond. Puis elle ajouta un : — Monsieur, je vous remercie! dont l'intention équivalait à un congé.

En ce moment, la contredanse étant près de finir, le colonel désappointé n'eut que le temps de se retirer en se disant par manière de consolation : — Elle est mariée!...

— Eh bien! courageux cuirassier! s'écria le baron en entraînant le colonel dans l'embrasure d'une croisée pour y respirer l'air pur des jardins; où en êtes-vous?...

— Elle est mariée... mon cher.

— Qu'est-ce que cela fait?

— Ah! diable! j'ai des mœurs! répondit le colonel. Je ne veux plus m'adresser qu'à des femmes que je puisse épouser... D'ailleurs, Martial, elle m'a formellement manifesté la volonté de ne pas danser...

— Colonel, parions ton cheval gris pommelé contre cent napoléons qu'elle dansera ce soir avec moi...

— C'est fait!... dit le colonel en frappant dans la main du fat. En attendant, je vais voir Soulanges, il connaît peut-être cette dame... car elle m'a semblé au fait de bien des choses.

— Mon brave, vous avez perdu! dit Martial en riant; mes yeux se sont recontrés avec les siens, et — je m'y connais... Ah çà! colonel, vous ne m'en voudrez pas de danser avec elle après le refus que vous en avez essuyé.

— Non, non; rira bien qui rira le dernier!... Au reste, Martial, je suis beau joueur et bon ennemi, je te préviens qu'elle aime les diamans.

Sur ce propos, les deux amis se séparèrent de nouveau. Le colonel se dirigea vers le salon de jeu, et y aperçut le comte de Soulanges assis à une table de bouillotte.

Quoiqu'il n'existât entre les deux colonels que cette amitié banale, établie par les périls de la guerre et les devoirs d'un même service, le colonel des cuirassiers fut douloureusement affecté de voir le comte de Soulanges, qu'il connaissait pour un jeune homme sage, engagé dans une partie où il pouvait se ruiner. Les monceaux d'or et de billets étalés sur le fatal tapis attestaient la fureur du jeu. Un cercle d'hommes silencieux entourait les joueurs mornes attablés à la bouillotte. Quelques mots retentissaient çà et là, et il semblait en regardant ces cinq personnages immobiles, qu'ils ne se parlassent que des yeux.

Quand le colonel, effrayé de la pâleur livide de Soulanges, s'approcha de lui, le comte était devenu le gagnant. L'ambassadeur autrichien et un banquier célèbre se levaient complètement décavés de sommes considérables. Le comte de Soulanges devint encore plus sombre qu'il ne l'était avant le coup, en recueillant une masse énorme d'or et de billets. Il ne compta même pas. Un amer dédain crispait ses lèvres. Il semblait menacer la fortune et la vie, au lieu de les remercier comme tant d'autres l'eussent fait.

—Courage! lui dit le colonel, courage, Soulanges!...

Puis, croyant lui rendre un vrai service en l'arrachant au jeu :

—Venez, ajouta-t-il. J'ai une bonne nouvelle à vous apprendre, mais à une condition.

— Laquelle?... demanda Soulanges.

— Celle de me répondre à ce que je vous demanderai.

Le comte de Soulanges se leva brusquement. Il mit tout son gain, d'un air fort insouciant, dans un mouchoir qu'il avait tourmenté d'une manière convulsive. Le visage de M. de Soulanges était si farouche qu'aucun joueur ne s'avisa de trouver mauvais qu'il *fit Charlemagne*, et les figures parurent même se dilater, quand cette tête maussade et chagrine ne fut plus dans le cercle moitié lumineux et moitié obscur que décrit, au-dessus d'une table, un flambeau de bouillotte.

Cependant un diplomate qui était de la galerie dit à voix basse en prenant la place du colonel:

— Ces diables de militaires s'entendent comme des larrons en foire!

Une seule figure blême et fatiguée se tourna vers le rentrant en lui lançant un regard qui brilla et s'éteignit comme le feu d'un diamant qu'on fait jouer. Cette figure était celle de M. le prince de Béné...t.

— Mon cher, dit le colonel à Soulanges, qu'il avait attiré dans un coin, ce matin l'empereur a parlé de vous avec éloge, et votre promotion dans la garde n'est pas douteuse. Le patron a prétendu que ceux qui étaient restés à Paris pendant la campagne ne devaient pas être considérés comme en disgrâce... Eh bien?...

Le comte de Soulanges semblait ne rien comprendre à ce discours.

— Ah çà! j'espère maintenant, reprit le colonel, que vous me direz si vous connaissez une petite femme charmante, assise au pied d'un candelabre...

A ces mots, les yeux du comte brillèrent d'un éclat inusité; et, saisissant avec une violence inouïe la main du colonel:

— Mon brave colonel, lui dit-il d'une voix sensiblement altérée, si ce n'était pas vous... si un autre me faisait cette question... je lui fendrais le crâne avec cette masse d'or... Laissez-moi, je vous en supplie... J'ai plus envie, ce soir, de me brûler la cervelle, que... Je hais tout ce que je vois... Aussi je vais partir, car cette joie, cette musique, ces visages stupides qui rient, m'assassinent.

— Mon pauvre ami... reprit d'une voix douce le colonel en frappant amicalement dans la main de Soulanges, êtes-vous passionné!... Que diriez-vous donc si je vous apprenais que

Martial songe si peu à madame de Vaudremont qu'il s'est épris de cette petite dame?

— S'il lui parle!... s'écria Soulanges en bégayant de fureur, je le rendrai aussi plat que son portefeuille, quand même le fat serait dans le giron de l'empereur...

Et le comte tomba, comme anéanti, sur la causeuse vers laquelle le colonel l'avait mené. Ce dernier se retira lentement, car il s'aperçut que M. de Soulanges était en proie à une colère trop violente pour que des plaisanteries ou les soins d'une amitié superficielle pussent le calmer.

Quand le beau cuirassier rentra dans le grand salon de danse, madame de Vaudremont fut la première personne qui s'offrit à ses regards, et il remarqua sur sa figure ordinairement si calme quelques traces d'une agitation secrète mal déguisée. Une chaise était vacante auprès d'elle, le colonel s'y élança.

— Je gage que vous êtes tourmentée?... dit-il.

— Oh! c'est une bagatelle, colonel. Je voudrais être déjà partie d'ici, car j'ai promis d'être au bal de la grande-duchesse de Berg, et il faut que j'aille auparavant chez la princesse de Wagram. M. de la Roche-Hugon, qui le sait, s'amuse à conter fleurette à des douairières.

— Ce n'est pas là tout-à-fait le sujet de votre inquiétude... Et je gage cent louis que vous resterez ici ce soir...

— Impertinent !...

— J'ai donc dit vrai ?...

—Méchant!... reprit la belle comtesse en donnant un coup d'éventail sur les doigts du colonel. Eh bien! que pensé-je ?... Je suis capable de vous récompenser si vous le devinez.

— Je n'accepterai pas le défi, car j'ai trop d'avantages...

— Présomptueux !...

— Eh bien! vous craignez de voir Martial aux pieds...

— De qui ?... demanda la comtesse en affectant la surprise.

— De ce candelabre... répondit le colonel en montrant le coin où était la belle inconnue, et regardant la comtesse avec une attention gênante.

— Eh bien! vous avez deviné!... répondit

la coquette en se cachant la figure sous son éventail avec lequel elle se mit à jouer.

— La vieille madame de Marigny, qui, vous le savez, est maligne comme un vieux singe, reprit-elle après un moment de silence, vient de me dire que M. de la Roche-Hugon courait quelques dangers à faire la cour à cette inconnue qui se trouve ce soir, ici, comme un trouble-fête. — J'aimerais mieux voir la mort que cette figure si cruellement belle, et aussi pâle, aussi immobile qu'une vision. C'est mon mauvais génie.

— Madame de Marigny, continua-t-elle après avoir laissé échapper un signe de dépit, qui ne va au bal que pour tout voir en faisant semblant de dormir, m'a cruellement inquiétée. Certes, Martial me paiera cher le tour qu'il me joue... Mais cependant, engagez-le, colonel, puisque c'est votre ami, à ne pas me faire de la peine.

— Je viens de voir un homme qui ne se propose rien moins que de lui brûler la cervelle, s'il s'adresse à cette petite dame!... Et cet homme-là, madame, est de parole. — Mais je connais Martial. Tous ces périls sont autant d'encouragemens. Il y a plus, nous avons parié... Ici le colonel baissa la voix.

— Serait-ce vrai ?... demanda la comtesse.

— Sur mon honneur.

— Merci, colonel... répondit madame de Vaudremont en lui lançant un regard plein de coquetterie.

— Me ferez-vous l'honneur de danser avec moi ?...

— Oui, mais la seconde contredanse; car pendant celle-ci je veux voir ce que peut devenir cette intrigue, et savoir qui est cette petite dame bleue. Elle a l'air spirituel.

Alors le colonel, devinant que madame de Vaudremont voulait être seule, s'éloigna, satisfait d'avoir si bien commencé l'attaque qu'il méditait.

Il y a toujours, dans les fêtes, des dames qui, semblables à madame de Marigny, sont là comme de vieux marins, occupés sur le bord de la mer à contempler les tempêtes que combattent de jeunes matelots. Or, en ce moment madame de Marigny, qui paraissait s'intéresser aux personnages de cette scène, put facilement deviner la lutte cruelle qui se passait dans le cœur de la comtesse. La jeune coquette avait beau s'éventer gracieusement, sourire à des jeunes gens qui la saluaient, et mettre en usage toutes les ruses de femme pour cacher son émotion, la douairière, l'une des plus savantes duchesses de la cour de Louis XV, semblait percer les mystères ensevelis sous les traits de la comtesse.

La vieille dame savait y reconnaître ces mouvemens imperceptibles de la paupière ou de l'iris qui décèlent les affections de l'âme. Le pli le plus léger qui venait à rider ce front si blanc et si pur, le tressaillement le plus insensible des pommettes, le jeu des sourcils accusateurs, l'inflexion la moins visible des lèvres dont le corail mouvant ne pouvait lui rien cacher, étaient pour la duchesse comme les caractères d'un livre. Aussi, du fond de la bergère qu'elle remplissait entièrement, la coquette émérite, tout en causant avec un diplomate dont elle était recherchée pour les anecdotes qu'elle contait à merveille, s'admira elle-même dans cette jeune coquette. Elle la prit en goût en lui voyant si bien déguiser son chagrin et les déchiremens de son cœur.

Madame de Vaudremont ressentait en effet autant de douleur qu'elle feignait de gaieté. Elle avait cru rencontrer en Martial un homme de talent sur lequel elle comptait pour embellir sa vie de toutes les faveurs de cour qu'elle ambitionnait. En ce moment elle reconnaissait une erreur aussi cruelle pour sa réputation que pour son amour-propre. Chez elle, comme chez les autres femmes de cette époque, la soudaineté des passions ne pouvait qu'augmenter la vivacité des sentimens. Les âmes qui vivent beaucoup et vite ne souffrent pas moins que celles qui se consument dans une seule affection. Plus d'un éventail cachait alors de courtes mais de terribles tortures. La prédilection de la comtesse pour Martial était née de la veille, il est vrai; mais le plus inepte des chirurgiens sait que la souffrance causée par l'amputation d'un membre vivant est bien plus douloureuse que celle d'un membre malade. Il y avait de l'avenir dans le goût de madame de Vaudremont pour Martial, tandis que sa passion précédente était sans espérance et empoisonnée par les remords de Soulanges.

La vieille duchesse sut tout deviner; et alors

elle s'empressa de congédier l'ambassadeur qui l'obsédait ; car, en présence de maîtresses et d'amans brouillés, tout intérêt pâlit, même chez une vieille femme. Aussi, madame de Marigny lança-t-elle, pour engager la lutte, un regard sardonique sur madame de Vaudremont. Ce regard terrible fit craindre à la jeune coquette de voir son sort entre les mains de la douairière. Il y a en effet de ces regards de femme à femme qui sont comme des flambeaux tragiques amenés dans les dénouemens nocturnes.

Il faudrait connaître l'ex-duchesse pour apprécier la terreur que le jeu de sa physionomie inspirait à la comtesse. Madame de Marigny était grande, ses traits faisaient dire d'elle : — Voilà une femme qui a dû être jolie ! Elle couvrait les rides de ses joues de tant de couches de rouge qu'elles ne paraissaient presque plus ; mais ses yeux, loin de recevoir un éclat factice de ce carmin foncé, n'en étaient que plus ternes. Elle portait une grande quantité de diamans et s'habillait avec assez de goût pour ne pas prêter au ridicule. Sa bouche, enrichie d'un râtelier artistement posé, n'était pas ridée et conservait une grimace d'ironie qui la faisait ressembler à Voltaire. Son nez pointu annonçait une épigramme, et cependant l'exquise politesse de ses manières adoucissait si bien la tournure malicieuse de ses idées qu'on ne pouvait l'accuser de méchanceté.

Un regard triomphal anima les deux yeux gris de la vieille dame et sembla traverser le salon pour aller répandre l'incarnat de l'espérance sur les joues pâles de la petite dame qui gémissait aux pieds du candélabre. Un sourire qui disait : — Je vous l'avais bien promis ! accompagna ce regard perçant.

Cette imprudente révélation de l'alliance existante entre madame de Marigny et l'inconnue, ne pouvait échapper à l'œil exercé de la comtesse de Vaudremont. Elle entrevit un mystère et voulut le pénétrer. La curiosité atténua sa douleur passagère.

En ce moment le baron de la Roche-Hugon avait achevé de questionner toutes les douairières pour apprendre le nom de la dame bleue ; mais, semblable à bien des antiquaires, il avait perdu tout son latin à cette malheureuse recherche. Il venait même de s'adresser, en désespoir de cause, à la comtesse de Gondreville, et n'en avait reçu que cette réponse peu satisfaisante :

— C'est une dame que *l'ancienne* duchesse de Marigny m'a présentée...

Tout-à-coup le maître des requêtes, se tournant vers la bergère occupée par la vieille dame, surprit le regard d'intelligence qu'elle jetait à l'inconnue, objet de son caprice.

Les couleurs qui nuancèrent les joues de cette solitaire personne lui donnèrent tant d'éclat que le maître des requêtes, excité par l'aspect d'une beauté si puissante, résolut d'aborder madame de Marigny quoiqu'il fût assez mal avec elle depuis quelque temps. En voyant le sémillant baron tourner autour de sa bergère, l'ex-duchesse sourit avec une malignité sardonique, et regarda madame de Vaudremont d'un air de triomphe qui fit rire le colonel.

— Elle prend un air d'amitié, la vieille bohémienne ! se dit en lui-même le baron, elle va sans doute me jouer quelque méchant tour.

— Madame, vous vous êtes chargée, me dit-on, de veiller sur un bien précieux trésor !

— Me prenez-vous pour un dragon? demanda la vieille dame en jouissant un moment de l'embarras du jeune homme. — Mais de quoi parlez-vous?... ajouta-t-elle avec une douceur de voix qui rendit de l'espérance à Martial.

— De cette petite dame inconnue, que la jalousie de toutes ces coquettes a confinée là-bas?... Vous connaissez sans doute sa famille?...

— Oui, dit la duchesse en souriant avec malice.

— Pourquoi ne danse-t-elle pas? Elle est si belle! Voulez-vous que nous fassions un traité de paix? Si vous daignez m'instruire de tout ce que j'ai intérêt à savoir, je vous jure ma parole d'honneur que votre demande en restitution des bois de Marigny, par le domaine extraordinaire, sera chaudement appuyée auprès de l'empereur.

— M. le baron, répondit la vieille dame avec une gravité trompeuse, amenez-moi la comtesse de Vaudremont. Je vous promets de lui révéler tout le mystère qui rend notre inconnue si intéressante. Voyez! Tous les hommes du bal sont arrivés au même degré de curiosité que vous. — Les yeux se portent involontairement vers ce candélabre où s'est modestement placée la pauvre enfant. Elle recueille tous les hommages qu'on a voulu lui ravir. — Bienheureux celui qui dansera avec elle !...

Là, elle s'interrompit en fixant la comtesse de Vaudremont par un de ces regards qui disent si bien : — Nous parlons de vous !

Puis elle ajouta : — Je pense que vous aimerez mieux apprendre le nom de l'inconnue de la bouche de votre belle comtesse que de la mienne ?...

L'attitude de la duchesse était si provoquante, que madame de Vaudremont se leva, vint auprès d'elle, s'assit sur la chaise que lui offrit Martial; et, sans faire attention à ce dernier :

— Je devine, madame, lui dit-elle en riant, que vous parlez de moi, mais j'avoue mon infériorité, et je ne sais si c'est en bien ou en mal.

Madame de Marigny serra, de sa vieille main sèche et ridée, la jolie main de la jeune dame, et, d'un ton de compassion, elle lui répondit à voix basse:

— Pauvre petite !...

Les deux femmes se regardèrent. Madame de Vaudremont comprit que le baron Martial était de trop, et alors elle le congédia par l'air impérieux avec lequel elle lui dit :

— Laissez-nous un moment !

Le maître des requêtes, peu satisfait de voir la comtesse sous le charme de la dangereuse sibylle qui l'avait attirée auprès d'elle, lui lança un de ces regards d'homme, si puissans sur un cœur aimant, mais qui paraissent si ridicules à une femme quand elle est arrivée à discuter celui dont elle s'est éprise.

— Auriez-vous la prétention de singer l'empereur ?... dit madame de Vaudremont, en mettant sa tête de trois quarts, pour contempler le maître des requêtes d'un air ironique.

Il avait trop l'usage du monde, trop de finesse et de bon goût pour s'exposer à rompre avec la jolie coquette ; d'ailleurs, il compta sur la jalousie qu'il se proposait d'éveiller en elle, comme sur le meilleur moyen de deviner le secret de sa froideur subite. Il s'éloigna d'autant plus volontiers, qu'en cet instant une nouvelle contredanse mettait en mouvement toutes les danseuses. Les joyeux accens de l'orchestre retentissaient, et l'on eût dit une nuée de papillons aux mille couleurs, venant dans le même parterre, au concert harmonieux des oiseaux d'un bocage. Le baron eut l'air de céder la place aux quadrilles, et alla s'appuyer sur le marbre d'une console. Il se croisa les bras sur la poitrine, et resta à trois pas, tout occupé de l'entretien secret des deux dames.

De temps en temps, il suivait les regards que toutes deux jetèrent à plusieurs reprises sur l'inconnue, et alors, en comparant la comtesse et cette beauté nouvelle si riche de toutes les espérances données par le mystère dont elle s'enveloppait, le baron était en proie à toutes les horreurs de l'indécision. Il flottait entre sa fortune à faire et un caprice à contenter.

Le reflet des lumières faisait ressortir si puissamment sa figure soucieuse et sombre sur les draperies de moire blanche froissées par ses cheveux noirs, qu'on aurait pu le comparer ainsi à un mauvais génie ; et de loin, plus d'un observateur dut sans doute se dire : — Voilà encore un pauvre diable qui paraît s'amuser beaucoup !

L'épaule droite légèrement appuyée sur le chambranle doré de la porte qui se trouvait entre la salle de jeu et le salon de danse, le colonel pouvait rire incognito, grâce à l'ampleur de ses moustaches. Il jouissait du plaisir ineffable de contempler le tumulte enivrant du bal. Il voyait cent jolies têtes tournoyer au gré des caprices de la danse. Il lisait sur quelques figures, comme sur celles de la comtesse et de son ami Martial, les secrets de leur agitation. Puis, en détournant la tête, il comparait l'air sombre du comte de Soulanges, assis sur la causeuse où il l'avait laissé, à la physionomie douce et plaintive de la dame inconnue, sur le visage de laquelle apparaissaient tour à tour les joies de l'espérance et les angoisses d'une terreur involontaire. Il y avait, pour l'heureux cuirassier, des mystères à deviner, une fortune à espérer d'un amour naissant, les leçons que donne l'ambitieux tourmenté à lire, le spectacle d'une passion violente à contempler, puis les sourires de cent jolies femmes brillantes et parées à recuellir, selon qu'il lui plaisait d'arrêter sa vue sur les quadrilles, sur Soulanges, sur Martial, sur la comtesse ou sur l'inconnue. Sa pensée embrassait toutes ces idées en même temps, et il était là plein de gaieté comme le roi de la fête. Il avait dans ce tableau mouvant une vue complète du monde et de la vie humaine ; mais il en riait sans chercher à s'en expliquer les ressorts. Il était minuit environ, et les conversations, le jeu, la danse, la coquetterie, les intérêts, les malices et les projets, tout était arrivé à ce degré de chaleur qui arrache à un jeune homme cette exclamation : — C'est une belle chose qu'un bal !...

— Mon bon petit ange, disait madame de Marigny à la comtesse, je suis bien plus vieille que je ne le parais, car si j'ai soixante-cinq ans, j'ai vécu un siècle. Vous êtes, ma chère, à un âge où j'ai fait bien des fautes!... et, en vous voyant souffrir tout à l'heure mille morts, j'ai eu la pensée de vous donner quelques avis charitables. Commettre des fautes à vingt-deux ans, c'est gâter son avenir ; c'est déchirer la robe qu'on doit mettre. Ah, ma chère ! nous n'apprenons que bien tard à nous en servir sans la chiffonner... Continuez, ma belle enfant, à vous faire des ennemis adroits et des amis sans esprit de conduite, et vous verrez quelle jolie petite vie vous mènerez!...

— Ah, madame! on a bien de la peine à être heureuse, n'est-ce pas?... s'écria naïvement la comtesse.

— Ma petite, c'est qu'il faut savoir choisir, à votre âge, entre les plaisirs et le bonheur. — Écoutez-moi! — Vous voulez épouser Martial. Eh bien, il n'est ni assez sot pour devenir un mari, ni assez bon pour vous rendre heureuse. Il a des dettes, ma chère!... Il est homme à dévorer votre fortune. C'est un intrigant qui peut posséder à merveille l'esprit des affaires, babiller agréablement; mais il est trop avantageux pour avoir un vrai mérite. Il n'ira pas loin. D'ailleurs, tenez... regardez-le!... Ne lit-on pas sur ce front-là que, dans ce moment-ci, ce n'est pas une jeune et jolie femme qu'il voit en vous, mais bien les deux millions que vous possédez... Il ne vous aime pas, ma chère, il vous calcule comme s'il s'agissait d'une multiplication. Si vous voulez vous marier, prenez un homme plus âgé, et qui ait de la considération. Une veuve ne doit pas faire de son mariage une affaire d'amourette. Est-ce qu'une souris s'attrape deux fois au même piége? Maintenant c'est une spéculation pour vous qu'un nouveau contrat, et il faut, en vous remariant, avoir au moins l'espoir de vous entendre nommer un jour madame la maréchale.

En ce moment les yeux des deux dames se fixèrent naturellement sur la belle figure du colonel.

— Si vous voulez jouer le rôle difficile d'une coquette et ne pas vous marier... reprit la duchesse avec bonhomie, ah! ma pauvre petite, vous saurez mieux que toute autre amonceler les nuages d'une tempête et la dissiper!... mais, je vous en conjure, ne vous faites jamais un plaisir de troubler la paix des ménages, de détruire l'union des familles et le bonheur des femmes qui sont heureuses... Je l'ai joué, ma chère, ce dangereux rôle... et j'ai appris un peu trop tard que, suivant l'expression de je ne sais quel diplomate, un saumon vaut mieux que mille grenouilles! Oui, ma belle; pour un triomphe d'amour-propre, on assassine souvent, de pauvres créatures vertueuses, car il y a vraiment, ma chère, des femmes vertueuses. Si vous saviez qu'un véritable amour donne mille fois plus de jouissances que les passions éphémères qu'on excite! Eh bien, je suis venue ici pour vous prêcher... Oui, c'est vous, mon bon petit ange, qui êtes cause de mon apparition dans ce salon qui pue le peuple. Ne viens-je pas d'y voir des acteurs? Autrefois, ma chère, on les recevait dans son boudoir ; mais au salon, fi donc!... Oui, oui, ne me regardez pas d'un air si étonné.

— Écoutez-moi! Si vous voulez vous jouer des hommes... reprit la vieille dame, ne bouleversez le cœur que de ceux dont la vie n'est pas arrêtée, de ceux qui n'ont pas de devoirs à remplir... c'est une maxime due à ma vieille expérience : profitez-en. Ce pauvre Soulanges, par exemple, auquel vous avez fait tourner la tête, et que, depuis quinze mois, vous avez enivré, Dieu sait comme!... eh bien, savez-vous sur quoi ont porté vos coups?... — Sur sa vie tout entière! Il est marié. Il est adoré d'une chère petite créature qu'il aimait, et qu'il a trompée. Elle n'a vécu que de larmes, et dans le silence le plus amer. Soulanges a eu des momens de remords plus cruels que ses plaisirs n'étaient doux ! Et vous,—petite rusée, vous l'avez trahi ! Eh bien ! venez contempler votre ouvrage.

La vieille duchesse prit la main de madame de Vaudremont et elles se levèrent.

— Tenez, lui dit madame de Marigny en lui montrant des yeux l'inconnue pâle et tremblante sous les feux du lustre. Voilà ma nièce, la comtesse de Soulanges !... Elle a enfin cédé aujourd'hui à mes instances, elle a consenti à quitter la chambre de douleur où la vue de son enfant ne lui apportait que de bien faibles consolations... la voyez-vous ! Elle vous paraît charmante, eh bien ! ma petite chère, jugez de ce qu'elle était quand le bonheur et l'amour répandaient leur éclat sur cette figure maintenant flétrie...

La comtesse détourna silencieusement la tête et parut en proie à de graves réflexions. La duchesse l'amena insensiblement jusqu'à la porte de la salle de jeu ; et, après y avoir jeté un coup-d'œil, comme si elle eût voulu y chercher quelqu'un :

— Et voilà Soulanges!... dit-elle à la jeune coquette d'un son de voix profond.

La jeune et brillante comtesse frissonna en apercevant dans le coin le moins éclairé de ce salon une figure pâle et contractée. M. de Soulanges avait le dos appuyé sur une causeuse. L'affaissement de ses membres et l'immobilité de son front accusaient un haut degré de douleur. Il était seul, abandonné, et les joueurs allaient et venaient devant lui, sans y faire plus d'attention que s'il eût été mort. C'était plutôt une ombre qu'un homme.

Le spectacle de la femme en larmes et du mari morne et sombre, séparés l'un de l'autre, au milieu de cette fête, comme les deux moitiés d'un arbre frappé par la foudre, eut quelque chose de terrible et de prophétique pour la comtesse. Elle craignit d'y voir une image des vengeances que lui gardait l'avenir. Son cœur n'était pas encore assez flétri pour que la sensibilité et l'indulgence en fussent entièrement bannies; et alors elle pressa la main de la duchesse en la remerciant par un de ces doux sourires qui ont une certaine grâce enfantine.

— Mon enfant, lui dit la vieille femme à

l'oreille, songez désormais que nous savons aussi bien repousser les hommages des hommes que nous les attirer...

— Elle est à vous, si vous n'êtes pas un niais...

Ces dernières paroles furent soufflées par madame de Marigny à l'oreille du colonel, pendant que la belle comtesse se livrait à toute la compassion que lui inspirait l'aspect de M. de Soulanges. Elle l'aimait encore assez sincèrement pour le vouloir rendre au bonheur, et elle se promettait intérieurement d'employer l'irrésistible pouvoir qu'exerçaient encore ses séductions sur lui, pour le renvoyer à sa femme.

— Oh! comme je vais le prêcher!... dit-elle à madame de Marigny.

— Vous n'en ferez rien, j'espère, ma belle! s'écria la duchesse en regagnant sa bergère. Mais vous vous choisirez un bon mari et vous fermerez votre porte à mon neveu. Vous éviterez de le rencontrer dans le monde; et quand il sera guéri de sa maladie, vous lui offrirez votre amitié... Croyez-moi, mon ange, une femme ne reçoit pas d'une autre femme le cœur de son mari. Elle est cent fois plus heureuse de croire qu'elle l'a reconquis elle-même, et je crois avoir donné à ma nièce un excellent moyen de regagner l'affection de son mari en l'amenant ici... Je ne vous demande, pour toute coopération, que d'agacer notre beau colonel de cuirassiers...

Et quand elle lui montra l'ami du maître des requêtes, la comtesse sourit.

— Eh bien ! madame, savez-vous enfin le nom de cette inconnue?... demanda le baron d'un air piqué à la comtesse, quand elle se trouva seule.

— Oui, dit madame de Vaudremont en regardant le maître des requêtes. Il y avait dans sa figure autant de finesse que de gaieté. Le sourire qui répandait la vie sur ses lèvres et sur ses joues, la lumière humide de ses yeux, étaient semblables à ces feux follets qui abusent le voyageur.

Martial se crut toujours aimé. Prenant alors cette attitude coquette dans laquelle un homme se balance si complaisamment auprès de celle qu'il aime, il dit avec fatuité :

— Et ne m'en voudrez-vous pas si je parais attacher beaucoup de prix à savoir ce nom?...

— Et ne m'en voudrez-vous pas, répliqua madame de Vaudremont, si, par un reste d'amour, je ne vous le dis pas, et si je vous défends de faire la moindre avance à cette jeune dame? — Vous risqueriez votre vie peut-être.

— Madame, perdre vos bonnes grâces, c'est perdre plus que la vie...

— Martial!... dit sévèrement la comtesse, c'est madame de Soulanges!... et son mari vous brûlerait la cervelle, si vous en avez toutefois....

— Ah, ah! répliqua le fat en riant; de sorte que le colonel laissera vivre en paix celui qui lui a enlevé votre cœur et se battrait pour sa femme... Quel renversement de principes!... Je vous en prie, permettez-moi de danser avec cette petite dame... Vous pourrez ainsi avoir la preuve du peu d'amour du cœur de neige que vous avez congédié; car, si le colonel trouve mauvais que je fasse danser sa femme...

— Mais elle aime son mari...

— C'est un obstacle de plus que...

— Mais elle est mariée...

— Plaisantes objections dans votre bouche.

— Ah! dit la comtesse avec un sourire amer, vous nous punissez également de nos fautes et de nos repentirs!... puis vous vous plaignez de notre légèreté!... C'est le maître qui reproche l'esclavage à son esclave. Êtes-vous injustes!

— Ne vous fâchez pas! dit vivement Martial. Oh! je vous en supplie, pardonnez-moi! Tenez, je ne pense plus à madame de Soulanges.

— Vous mériteriez bien que je vous envoyasse auprès d'elle.

— J'y vais... dit le baron en riant; mais je reviendrai plus épris de vous que jamais, et vous verrez que la plus jolie femme du monde ne peut pas s'emparer d'un cœur quand il vous appartient.

— C'est-à-dire que vous voulez gagner le cheval du colonel?...

— Ah! le traître!... répondit-il en riant et menaçant du doigt son ami qui souriait.

Alors le colonel arriva, et le baron lui céda la place auprès de la comtesse, à laquelle il dit d'un air sardonique :

— Madame, voici un homme qui s'est vanté de pouvoir gagner vos bonnes grâces dans une soirée !

Il s'éloigna en s'applaudissant d'avoir révolté l'amour-propre de la comtesse et desservi le colonel; mais, malgré sa finesse habituelle, il n'avait pas deviné toute l'ironie dont les propos de madame de Vaudremont étaient empreints, ne s'apercevant même pas qu'elle avait fait autant de pas vers son ami que son ami vers elle, quoiqu'à l'insu l'un de l'autre.

Au moment où le maître des requêtes s'approchait en papillonnant du brillant candélabre sous lequel la comtesse de Soulanges, pâle et craintive, semblait ne vivre que des yeux, son mari arriva près de la porte du salon, d'un air farouche en montrant deux yeux étincelans de passion. La vieille duchesse, attentive à tout, s'élança, avec la vivacité de la jeunesse, vers son neveu; elle lui demanda le bras et sa voiture pour sortir, prétextant un ennui mortel et se flattant de prévenir ainsi un éclat fâcheux. Elle fit, avant de partir, un singulier signe d'intelligence à sa nièce en lui désignant l'entreprenant cavalier qui se préparait à lui parler. Ce signe flamboyant semblait dire : — Le voici, venge-toi.

Madame de Vaudremont surprit le regard de la tante et de la nièce. Une lueur soudaine illumina son âme, et la jeune coquette craignit d'être la dupe de cette vieille dame si savante et si rusée en intrigue.

— Cette perfide duchesse, se dit-elle, aura peut-être trouvé plaisant de me faire de la morale en me jouant quelque méchant tour de sa façon.

A cette pensée, l'amour-propre de madame de Vaudremont fut peut-être encore plus fortement intéressé que sa curiosité à démêler le fil de cette intrigue. La préoccupation intérieure à laquelle elle fut en proie ne la laissa pas maîtresse d'elle-même. Alors le colonel, interprétant à son avantage la gêne répandue dans les discours et les manières de la comtesse, n'en devint que plus ardent et plus pressant.

Ainsi, de nouveaux mystères, palpitans d'intérêt, vinrent animer cette mouvante scène. En effet les passions qui agitaient le double couple dont cette histoire retrace l'aventure, se diversifiaient à chaque pas dans ces salons animés en se représentant avec d'autres nuances sur chaque figure d'homme et de femme.

Les vieux diplomates blasés, qui s'amusaient à observer le jeu des physionomies et à deviner les intrigues, n'avaient jamais rencontré une aussi riche moisson de plaisirs. Néanmoins, le spectacle de tant de passions vives, toutes ces querelles d'amour, ces vengeances douces, ces faveurs cruelles, ces regards enflammés, toute cette vie brûlante répandue autour d'eux ne leur faisait sentir que plus vivement leur impuissance.

Enfin le baron avait pu s'asseoir auprès de la comtesse de Soulanges. Ses yeux erraient à la dérobée sur un cou frais comme la rosée, parfumé comme une fleur des champs. Il admirait de près des beautés qui de loin l'avaient étonné. Il pouvait voir un petit pied bien chaussé et mesurer de l'œil une taille souple et gracieuse. A cette époque les femmes nouaient la ceinture de leurs robes précisément au-dessous de leur sein, à l'imitation de celles des statues grecques. Cette mode était impitoyable pour les femmes dont le corsage avait quelque défaut. Martial, jetant des regards furtifs sur ce sein, resta ravi de la perfection des formes célestes de la comtesse. Il était ivre d'amour et d'espérance.

— Vous n'avez pas dansé une seule fois ce soir, madame?... dit-il d'une voix douce et flatteuse; ce n'est pas faute de cavalier, j'imagine?

— Voilà près de deux ans que je ne vais point dans le monde, et j'y suis inconnue... répondit madame de Soulanges avec froideur; car elle n'avait rien compris au regard par lequel sa tante venait de l'inviter à plaire au baron.

Celui-ci faisait jouer par maintien le beau diamant qui ornait le doigt annulaire de sa main gauche. Les feux jetés par les facettes de la pierre semblèrent faire pénétrer une lueur subite dans l'âme de la jeune comtesse. Elle rougit et regarda le baron avec une expression indéfinissable.

— Aimez-vous la danse?... demanda le Provençal pour essayer de renouer la conversation.

— Oh! beaucoup, monsieur!

A cette étrange réponse, leurs regards se rencontrèrent, car le jeune homme, surpris de l'accent doux et pénétrant qui réveilla dans son cœur une vague espérance, avait subitement interrogé les yeux de la jeune femme.

— Eh bien, madame, n'est-ce pas une témérité de ma part que de me proposer pour être votre partner à la première contredanse?

Une confusion naïve rougit les joues blanches de la comtesse. On eût dit des gouttes d'un vin généreux, versées dans une eau limpide.

— Mais, monsieur... j'ai déjà refusé un danseur... un militaire...

— Serait-ce ce grand colonel de cavalerie que vous voyez là-bas?

— Précisément.

— Eh! c'est mon ami, ne craignez rien. M'accordez-vous la faveur que j'ose espérer?...

— Oui, monsieur...

Le timbre tremblant de cette voix mélodieuse accusait une émotion si neuve et si profonde, que l'âme blasée du maître des requêtes en fut ébranlée. Il se sentit envahi par une timidité de lycéen. Il perdit son assurance, et sa tête méridionale s'enflamma. Il voulut parler, mais ses expressions lui parurent sans grâce, comparées aux reparties spirituelles et fines de madame de Soulanges.

Il fut heureux pour lui que la contredanse commençât; car, debout près de sa belle danseuse, il se trouva plus à l'aise. Il y a beaucoup d'hommes pour lesquels la danse est une manière d'être, et qui pensent, en déployant les grâces de leur corps, agir plus puissamment que par l'esprit sur le cœur des femmes. Le Provençal voulait sans doute employer en ce moment tous ses moyens de séduction, à en juger par la prétention de tous ses mouvemens et de ses gestes. Il avait, par vanité, amené sa conquête au quadrille où les femmes les plus brillantes du salon mettaient une chimérique importance à danser préférablement à tout autre.

Pendant que l'orchestre exécutait le prélude de la première figure, le baron éprouva une incroyable satisfaction d'orgueil, quand, passant en revue les danseuses placées sur les lignes de ce brillant carré, il s'aperçut que madame de Soulanges était la plus jolie. Sa toilette défiait même celle de madame de Vaudremont, qui, par un hasard cherché peut-être, faisait avec le colonel le vis-à-vis du baron et de la dame bleue. Tous les regards des hommes se fixèrent un moment sur madame de Soulanges, et un murmure flatteur annonça qu'elle était le sujet de la conversation de chaque partner avec sa danseuse.

Les œillades d'envie et d'admiration se croisaient si vivement sur elle, que la jeune dame, comme honteuse d'un triomphe auquel elle semblait se refuser, baissa modestement les yeux, rougit, et n'en devint que plus charmante. Si elle releva ses blanches paupières, ce fut pour regarder son danseur enivré, comme si elle eût voulu lui reporter la gloire de ces hommages et lui dire qu'elle préferait le sien à tous les autres. Elle mit de l'innocence dans sa coquetterie, ou plutôt elle parut se livrer à un sentiment neuf, à une admiration naïve, avec cette bonne-foi qui ne se rencontre que dans de jeunes cœurs.

Quand elle dansa, les spectateurs purent facilement croire que les piéges des pas capricieux qu'elle exécuta d'une manière ravissante, n'étaient tendus que pour Martial; car cette créature aérienne savait, comme la plus savante coquette, lever à propos les yeux sur lui, ou les baisser avec une feinte modestie.

Quand les lois nouvelles de la Trénis amenèrent Martial devant le colonel :

— J'ai gagné ton cheval !... lui dit-il en riant.

— Oui, mais tu as perdu quatre-vingt mille livres de rente, lui répliqua le colonel en lui montrant la figure sévère de madame de Vaudremont.

— Et qu'est-ce que cela me fait? répondit Martial avec un petit geste mutin, madame de Soulanges vaut des millions !...

A la fin de cette contredanse, plus d'un chuchottement résonnait à plus d'une oreille. — Les moins jolies des femmes faisaient de la morale avec leurs danseurs, à propos de la naissante liaison du baron et de la comtesse de Soulanges. — Les plus belles s'étonnaient d'une telle facilité. — Les hommes ne concevaient pas le bonheur du petit maître des requêtes, auquel ils ne trouvaient rien de bien séduisant. — Quelques femmes, plus indulgentes, disaient qu'il ne fallait pas se presser de juger; et que les jeunes personnes seraient bien malheureuses, si un regard expressif et une danse gracieuse suffisaient pour établir des accusations aussi graves.

Martial seul connaissait l'étendue de son bonheur. A la dernière figure, les dames du quadrille eurent à former le moulinet. Ses doigts pressèrent ceux de la comtesse, et il crut sentir, à travers la peau fine et parfumée des gants, que les doigts de la jeune femme répondaient à son amoureux appel.

— Madame, lui dit-il au moment où la contredanse se termina, ne retournez pas dans cet odieux coin où vous avez enseveli jusqu'ici votre figure et votre toilette. L'admiration est le seul revenu que vous puissiez tirer des diamans qui parent votre cou si blanc et vos nattes si bien tressées. — Venez faire un petit voyage à travers les salons et jouir du coup-d'œil de la fête et de vous-même.

Madame de Soulanges suivit l'adroit séducteur, qui pensait qu'elle lui appartiendrait plus sûrement, s'il parvenait à la compromettre ou à l'afficher. Ils firent alors un doux pèlerinage à travers les groupes qui encombraient les salons magnifiques de l'hôtel.

La comtesse de Soulanges, inquiète, s'arrêtait un instant avant d'entrer dans chaque salon, et n'y pénétrait qu'après avoir tendu le cou pour jeter un regard perçant sur tous les hommes ; et cette peur, qui comblait de joie le maître des requêtes, ne semblait calmée que quand il avait dit à sa tremblante compagne :

— Rassurez-vous, *il* n'y est pas.

Ils parvinrent ainsi jusqu'à une immense galerie de tableaux, située dans une aile de l'hôtel, et où l'on jouissait par avance du magnifique aspect d'un ambigu préparé pour trois cents personnes. Le maître des requêtes, devinant que le repas allait commencer, entraîna la comtesse vers un boudoir qu'il avait remarqué.

C'était une pièce ovale donnant sur les jardins. Les fleurs les plus rares et quelques arbustes en faisaient comme un bocage où, à travers les feuillages et les bouquets, l'œil apercevait de brillantes draperies. Le murmure de la fête venait y mourir, comme le bruit du monde auprès d'un saint asile. La comtesse tressaillit en y entrant, et refusa obstinément d'y suivre le jeune homme ; mais, après avoir jeté les yeux sur une glace, elle y vit sans doute des défenseurs, car elle alla s'asseoir d'assez bonne grâce sur une voluptueuse ottomane.

— Quelle pièce délicieuse !...... dit-elle en admirant une tenture bleu-de-ciel, qui était relevée par des perles.

— Tout y est amour et volupté...... dit le jeune homme fortement ému.

Puis à la faveur de la mystérieuse clarté qui régnait dans cette suave retraite, il regarda la comtesse, et surprit, sur sa figure doucement agitée, une expression de trouble, de pudeur, de désir, qui l'enchanta. Elle sourit et ce sourire sembla mettre fin à la lutte de tous les sentimens qui se heurtaient dans son cœur : aussi le baron fut-il ravi.

Elle prit de la manière la plus séduisante la main gauche de son adorateur, et lui ôta du doigt la bague sur laquelle elle avait fixé des yeux animés par tout l'éclat de la convoitise.

— Voilà un bien beau diamant !.... s'écria-t-elle doucement et avec la naïve expression d'une jeune fille qui laisse voir tous les chatouillemens d'une première tentation.

Martial, ému de la caresse involontaire mais

enivrante que la comtesse lui avait faite en dégageant le brillant, la regarda avec des yeux aussi étincelans que la bague.

— Portez-la, lui dit-il en souvenir de cette heure céleste et pour l'amour de....

Elle le contemplait avec tant d'extase qu'il n'acheva pas ; il lui baisa la main.

— Vous me la donnez ?..... dit-elle avec un air d'étonnement.

— Je voudrais vous offrir le monde entier !

— Vous ne plaisantez pas?.. reprit-elle d'une voix altérée par une satisfaction trop vive.

— N'acceptez-vous que mon diamant?....

— Mais vous ne me le reprendrez jamais?... demanda-t-elle.

— Jamais !....

Elle mit la bague à son doigt.

Martial, comptant sur un prochain bonheur, fit un mouvement ; mais la comtesse se leva tout-à-coup, et dit d'une voix claire qui n'accusait aucune émotion :

— Monsieur, j'accepte ce diamant avec d'autant moins de scrupule qu'il m'appartient.

Le maître des requêtes interdit resta immobile, la bouche béante.

— M. de Soulanges le prit il y a six mois sur ma toilette et me dit l'avoir perdu.

— Vous êtes dans l'erreur, madame, dit Martial d'un air piqué, car je le tiens de madame de Vaudremont.

— Précisément, répliqua-t-elle en souriant; mon mari m'a emprunté cette bague, la lui a donnée, elle vous en a fait présent. Eh! monsieur, si elle n'eût pas été à moi, soyez sûr que je ne me serais pas hasardée à la racheter au même prix que la comtesse...

— Mais, tenez, ajouta-t-elle en faisant jouer un ressort caché sous la pierre, les cheveux de M. de Soulanges y sont encore...

Elle poussa un rire éclatant et railleur, puis elle s'élança dans les jardins avec une telle prestesse, qu'il paraissait inutile d'essayer de la rejoindre. D'ailleurs Martial, confondu, ne se trouva pas d'humeur à tenter l'aventure. En effet, le rire de madame de Soulanges avait trouvé un écho dans le boudoir, et le jeune fat venait d'apercevoir, entre deux arbustes, le colonel et madame de Vaudremont, qui riaient de tout cœur.

— Veux-tu mon cheval pour courir après

cette malicieuse personne?... lui dit le colonel.

Le baron se mit à rire, car c'était le parti le plus prudent qu'il eût à prendre. Il acheta le profond silence des deux spectateurs de cette scène par la bonne grâce avec laquelle il supporta les plaisanteries dont il fut accablé par la future épouse du colonel et le colonel lui-même, qui, dans cette soirée, troqua son cheval de bataille pour une jeune, une riche et jolie femme.

La comtesse de Soulanges ayant fait, non sans peine, avancer son équipage, retourna chez elle sur les deux heures du matin, et pendant qu'elle franchissait l'intervalle qui sépare la Chaussée-d'Antin du faubourg Saint-Germain où elle demeurait, son âme fut en proie aux plus vives inquiétudes.

Avant de quitter l'hôtel de Gondreville, elle en avait parcouru les salons sans y rencontrer ni sa tante ni son mari, dont elle ignorait le départ. Alors d'affreux pressentimens vinrent tourmenter son âme ingénue. Témoin discret des souffrances éprouvées par son mari depuis le jour où madame de Vaudremont l'avait attaché à son char, elle espérait avec confiance qu'un prochain repentir lui ramènerait son époux. Aussi était-ce avec une incroyable répugnance qu'elle avait consenti au plan formé par sa tante, madame de Marigny, et en ce moment elle craignait d'avoir commis une faute.

Cette soirée avait attristé sa jeune âme candide. Effrayée d'abord de l'air souffrant et sombre du comte de Soulanges, elle l'avait été encore plus de la beauté de sa rivale. Puis la corruption du monde lui avait serré le cœur.

En passant sur le Pont-Royal, elle jeta les cheveux profanés qui se trouvaient sous le diamant, jadis offert comme le gage brillant d'un amour pur. Elle pleura en songeant aux vives souffrances dont elle était depuis si longtemps la proie, et plus d'une fois elle frémit en pensant que le devoir des femmes qui veulent obtenir la paix en ménage, les obligeait à ensevelir au fond du cœur, et sans se plaindre, des angoisses aussi cruelles que les siennes.

— Hélas! se dit-elle, comment peuvent faire les femmes qui n'aiment pas? — Où est la source de leur indulgence? — Je ne saurais croire, comme le dit ma tante, que la raison suffise pour les soutenir dans de tels dévouemens.

Elle soupirait encore quand son chasseur abaissa l'élégant marchepied d'où elle s'élança sous le vestibule de son hôtel. Elle monta l'escalier avec précipitation, et quand elle arriva dans sa chambre, elle tressaillit de terreur en y voyant son mari, assis sur une chaise auprès de la cheminée. Il lui montra un visage irrité.

— Depuis quand, ma chère, allez-vous au bal sans moi?... sans me prévenir?... demanda-t-il d'une voix altérée. — Sachez qu'une femme est toujours déplacée sans son mari... Vous étiez singulièrement compromise dans le coin obscur où vous vous étiez nichée...

— O mon bon Léon! dit-elle d'une voix caressante, je n'ai pu résister au bonheur de te voir sans que tu me visses... C'est ma tante qui m'a menée à ce bal, et j'y ai été bien heureuse...

Ces accens désarmèrent tout-à-coup les regards du comte et la sévérité factice qu'ils annonçaient. Il était facile de deviner qu'il venait de se faire de vifs reproches à lui-même, qu'il appréhendait le retour de sa femme, instruite dans le bal d'une infidélité qu'il espérait lui avoir cachée. Alors, selon la coutume des amans qui se sentent coupables, il essayait, en querellant la comtesse le premier, d'éviter sa trop juste colère. Tout surpris, il regarda silencieusement sa femme. Elle lui sembla plus belle que jamais dans la brillante parure qui rehaussait en ce moment ses attraits.

Pour elle, heureuse de voir son mari sourire, et de le trouver à cette heure dans une chambre où il était venu, depuis quelque temps, moins fréquemment, la comtesse rougit, lui jeta des regards furtifs, pleins d'amour et d'espérance. — Soulanges, transporté, et d'autant plus ivre de bonheur et d'amour, que cette scène succédait aux tourmens qu'il avait ressentis pendant le bal, saisit la main de sa femme et la baisa par reconnaissance; car il y a quelquefois de la reconnaissance dans l'amour.

— Hortense, qu'as-tu donc au doigt qui m'a fait tant de mal aux lèvres? demanda-t-il en riant.

— C'est mon diamant, que tu disais perdu, et que j'ai retrouvé ce soir dans un tiroir de ma toilette.

Le comte admira tant d'indulgence; et le lendemain matin, madame de Soulanges avait pu replacer, sous le diamant reconquis, de nouveaux cheveux, qui ne devaient plus voyager comme ceux qu'elle avait jetés la veille.

FIN DU TOME DEUXIÈME.

TABLE

DES MATIÈRES CONTENUES DANS CE VOLUME.

Gloire et Malheur. 1
La Femme vertueuse. 125
La Paix du Ménage. 289

www.ingramcontent.com/pod-product-compliance
Lightning Source LLC
Chambersburg PA
CBHW060557170426
43201CB00009B/810